FUNDAMENTO CONSEQUENCIALISTA NAS DECISÕES DO STF EM CONFLITOS TRABALHISTAS BRASILEIROS

ADRIANO ROMERO

FUNDAMENTO CONSEQUENCIALISTA NAS DECISÕES DO STF EM CONFLITOS TRABALHISTAS BRASILEIROS

DIALÉTICA
EDITORA

DIALÉTICA
EDITORA

/editoradialetica
@editoradialetica
www.editoradialetica.com

Dados Internacionais de Catalogação na Publicação (CIP)

R763f Romero, Adriano.
Fundamento consequencialista nas decisões do STF em conflitos trabalhistas brasileiros / Adriano Romero. – São Paulo : Editora Dialética, 2023.
216 p.

Inclui bibliografia.
ISBN 978-65-252-7213-9

1. Supremo Tribunal Federal. 2. Direito Trabalhista. 3. Direito. I. Título.

CDD 349
CDU 344

Ficha catalográfica elaborada por Mariana Brandão Silva CRB -1/3150

Este trabalho é dedicado aos meus filhos Danilo e Arthur, minha esposa Deusdete, meus pais Roseli e Miguel, meus irmãos André e Alessandra, meus cunhados Sheila e Edilson, meus sogros Divina e Tarcísio, meus sobrinhos Helena e Samuel, amigos e mestres que contribuíram significativamente para o meu crescimento intelectual e pessoal.

Aos meus filhos Danilo e Arthur, pelas brincadeiras diárias que me ensinaram a ser cada dia mais humano.

A minha esposa Deusdete, por compreender minha ausência em virtude das exigências que o trabalho de pesquisa exige.

Aos meus pais, pelo dom da vida e pela sabedoria transmitida.

Aos meus mestres, por terem me mostrado o caminho do saber.

Ao meu Orientador, professor Dr. Renato, um agradecimento especial por todo o profundo conhecimento compartilhado, fazendo diferença na construção desse trabalho e na formação profissional deste magistrado.

Aos servidores da Vara do Trabalho de Juína/MT, em especial Zenilda, Valéria, Fátima, Cleonice, Thaís, Remi, Marcinha, Eduardo, Breno, Henrique e Josely, por terem sido compreensivos com minha ausência.

A todos os colegas de turma, companheiros de jornada na busca do conhecimento.

A norma, está inscrita entre as "artes de julgar", ela é um princípio de comparação. Sabemos que tem relação com o poder, mas sua relação não se dá pelo uso da força, e sim por meio de uma espécie de lógica que se poderia quase dizer que é invisível, insidiosa.

Michel Foucault

SUMÁRIO

INTRODUÇÃO

Tem se tornado muito comum encontrar decisões judiciais fundadas, dentre outros, em justificações consequencialistas, afastando até mesmo o texto normativo da Constituição Federal (CF). No que se refere aos conflitos trabalhistas, três decisões recentes do Supremo Tribunal Federal (STF), tratando mais especificamente da terceirização da atividade principal da empresa, do acordo individual para redução de salário e jornada em tempos de pandemia, e da correção monetária da dívida trabalhista, demonstraram que a Corte Constitucional brasileira também tem se valido dessas ponderações a respeito das consequências que suas decisões gerariam na economia do país.

Essa espécie de fundamento consequencialista teria justificado a prevalência da liberdade econômica sobre os ditames dos arts. 2º, 3º e 448 da CLT[1] e exceções fixadas pela Lei n. 6.019/74[2] e 7.102/83[3] (antes da

1 BRASIL. Decreto-Lei n. 5.452, de 1º de maio de 1943. Aprova a Consolidação das Leis do Trabalho. DOU, Rio de Janeiro, 1º maio 1943. Disponível em: <https://www.planalto.gov.br/ccivil_03/decreto-lei/Del5452.htm>. Acesso em: 04 ago. 2022.

2 Artigo vigente na época da distribuição da ação. "Art. 2º. Trabalho temporário é aquele prestado por pessoa física a uma empresa, para atender à necessidade transitória de substituição de seu pessoal regular e permanente ou à acréscimo extraordinário de serviços". BRASIL. Lei n. 6.019, de 03 de janeiro de 1974. Dispõe sobre o trabalho temporário nas empresas urbanas, e dá outras providencias. DOU, Brasília, 04 jan. 1974. Disponível em: <https://www.planalto.gov.br/ccivil_03/Leis/L6019.htm>. Acesso em: 04 ago. 2022.

3 Artigo vigente na época da distribuição da ação. "Art. 3º. A vigilância ostensiva e o transporte de valores serão executados: I - por empresa especializada contratada; ou II - pelo próprio estabelecimento financeiro, desde que organizado e preparado

Reforma Trabalhista), a mitigação/desconsideração do texto constitucional do inciso VI do art. 7º (mesmo exigindo a CF a negociação coletiva para reduzir salário) e a exclusão dos juros de mora (desde a data do ajuizamento da ação até o efetivo pagamento da dívida reconhecida judicialmente), mesmo sem qualquer alteração do art. 883 da CLT[4] pela Reforma Trabalhista.

De fato, sob o argumento, entre outros, de que se não houvesse desenvolvimento econômico e sucesso empresarial não haveria emprego, renda ou qualquer direito para os trabalhadores, a terceirização foi tida como admissível e constitucional, sobretudo diante de 13 milhões de desempregados e 37 milhões de trabalhadores na informalidade[5].

Na mesma linha de raciocínio, ao se julgar a constitucionalidade ou não da terceirização da atividade principal da empresa, foi apregoado, entre outras coisas, que o objetivo da Medida Provisória 936/2020, convertida na Lei n. 14.020, de 06 de julho de 2020, tinha sido também o de permitir que milhares de empresários conseguissem manter as suas empresas e, em decorrência, os seus empregados no período de vigência da MP, de modo que a preconização do acordo individual para redução do salário e da jornada foi tomado como constitucional, já que por intermédio do acordo mencionado seriam preservados 24,5 milhões de

---

para tal fim, com pessoal próprio, aprovado em curso de formação de vigilante autorizado pelo Ministério da Justiça e cujo sistema de segurança tenha parecer favorável à sua aprovação emitido pelo Ministério da Justiça. Parágrafo único. Nos estabelecimentos financeiros estaduais, o serviço de vigilância ostensiva poderá ser desempenhado pelas Polícias Militares, a critério do Governo da respectiva Unidade da Federação". BRASIL. Lei n. 7.102, de 20 de junho de 1983. Dispõe sobre segurança para estabelecimentos financeiros, estabelece normas para constituição e funcionamento das empresas particulares que exploram serviços de vigilância e de transporte de valores, e dá outras providências. DOU, Brasília, 21 jun. 1983. Disponível em: <http://www.planalto.gov.br/ccivil_03/LEIS/L7102.htm>. Acesso em: 04 ago. 2022.

4 Id., 1943.

5 BRASIL. Supremo Tribunal Federal. ADI 4.357. Relator: Ministro Roberto Barroso - Tribunal Pleno. DOU, 06 set. 2019. Disponível em: <http://redir.stf.jus.br/paginadorpub/paginador.jsp?docTP=TP&docID=750738975>. Acesso em: 22 fev. 2022.

empregos[6]. Posteriormente, decidindo o caso da correção das dívidas trabalhistas, o STF afirmou que a dívida trabalhista judicializada vinha assumindo "contornos extremamente vantajosos (bem superiores à média do mercado) e que a correção dos débitos trabalhistas piorava ainda mais a situação, na senda da atual pandemia do vírus", uma vez que a circulação de capital era sensivelmente diminuída e havia retração econômica[7], fixando a taxa SELIC como índice de correção monetária e juros[8].

No entanto, mesmo com a terceirização, a validação do acordo individual e a fixação da SELIC como taxa de correção, o desemprego se manteve alto até antes da pandemia[9]. Já no período pandêmico, metade dos trabalhadores do país pararam[10] (perdendo seus empregos), as execuções trabalhistas não sofreram quaisquer reduções impactantes[11] (ante os números registrados no Relatório Justiça em Números 2020 do CNJ) e o inciso VI do art. 7º da CF continuou registrando o direito fundamental social trabalhista da irredutibilidade salarial, exceto no

---

6 BRASIL. Supremo Tribunal Federal. ADI 6.363. Relator: Ministro Ricardo Lewandowski - Tribunal Pleno. Redator do acordão: Ministro Alexandre de Moraes. DOU, 24 nov. 2020. Disponível em: <http://portal.stf.jus.br/processos/downloadPeca.asp?id=15345059901&ext=.pdf>. Acesso em: 22 fev. 2022.

7 BRASIL. Supremo Tribunal Federal. Voto-conjunto da ADC58, ADC59, ADI 5.867 e ADI 6.021. Relator Ministro Gilmar Mendes. p. 54. Disponível em: <https://www.conjur.com.br/dl/voto-gilmar-acoes-correcao-trabalhista.pdf>. Acesso em: 22 fev. 2022.

8 Ibid., p. 57.

9 BARROS, Alerrandre. Desemprego aumenta para 11,6 no trimestre encerrado em fevereiro. Disponível em: <https://agenciadenoticias.ibge.gov.br/agencia-noticias/2012-agencia-de-noticias/noticias/27260-desemprego-aumenta-para-11-6-no-trimestre-encerrado-em-fevereiro>. Acesso em: 22 fev. 2022.

10 GARCIA, Diego; MONTESANTI, Beatriz. Metade dos Trabalhadores do país pararam durante a pandemia. Folha de S. Paulo, 25 dez. 2020. Disponível em: <https://www1.folha.uol.com.br/mercado/2020/12/metade-dos-trabalhadores-do-pais-pararam-durante-a-pandemia.shtml>. Acesso em: 22 fev. 2022.

11 BRASIL. Conselho Nacional de Justiça. Justiça em Números 2020. p. 153. Disponível em: <https://www.cnj.jus.br/wp-content/uploads/2020/08/WEB-V3-Justi%C3%A7a-em-N%C3%BAmeros-2020-atualizado-em-25-08-2020.pdf>. Acesso em: 22 fev. 2022.

caso de negociação coletiva (tendo em vista a inexistência de quaisquer alterações realizadas pelos legisladores constituintes derivados).

Para além de chancelar todas as dificuldades que a fundamentação consequencialista traz consigo em termos de fixação das implicações futuras que uma decisão judicial pode gerar, o cotejo entre o conteúdo da fundamentação pautada na avaliação do custo-benefício da decisão com as previsões futuristas feitas e a realidade posteriormente constatada fazem pensar se a Suprema Corte estaria se valendo de argumentos consequencialistas jurídicos ou políticos para, por exemplo, fazer prosperar a "autonomia regulatória" entre empresários e trabalhadores de acordo com a realidade/interesses em jogo; se os fundamentos consequencialistas de natureza política seriam admissíveis como razão de decidir, sobretudo em conflitos trabalhistas; e se, em relação às últimas decisões em lides trabalhistas, o STF teria atuado dentro dos limites constitucionais ou com ativismo judicial.

O tema é instigante não só porque envolve a vida prática de magistrados, advogados e demais operadores do Direito, mas também porque a própria doutrina ainda não sedimentou entendimento definitivo, no sentido de fixar se a fundamentação consequencialista estaria no campo da subjetividade do juiz, de maneira que o magistrado poderia decidir conforme seu senso de justiça, ou se decorreria do próprio Direito, sem que fosse possível a formulação arbitrária de juízos de valor.

Para se ter ideia da celeuma, enquanto para o professor da Faculdade de Direito de Vitória, Leonardo Zehuri Tovar, o juiz praticaria "ato de poder, ato de vontade, ao definir, subjetivamente, qual das possíveis interpretações elencadas pela ciência do direito" seria "a melhor para o caso"[12], para o ministro aposentado do STF e professor da Faculdade de Direito da USP, Eros Roberto Grau, os juízes não decidiriam "subjetivamente, de acordo com seu senso de justiça, mas aplicando o

---

12 TOVAR, Leonardo Zehuri. Teoria do Direito e decisão judicial: elementos para a compreensão de uma resposta adequada. 2 ed. Salvador: JusPodivm, 2020. p. 122.

direito (a Constituição e as leis)"[13], na medida em que a intepretação do direito não seria uma "atividade de conhecimento, mas constitutiva [...] decisional, embora não discricionária".[14]

O assunto em pauta se mostra ainda mais fascinante e intrigante quando se toma como premissa, na contemporaneidade, que o Direito não é algo entregue completamente pronto e que a normatividade (o conteúdo da norma) do texto normativo decorre de um processo de construção, cuja concretização pressupõe a incorporação da realidade como "parte integrante da estrutura normativa"[15].

Isso porque sendo os direitos fundamentais sociais trabalhistas caraterizados pela indeterminabilidade decorrente das cláusulas abertas, a estrutura principiológica de tais direitos não se amoldaria a uma operação dedutiva que possibilitaria obter uma conclusão incontestável a partir de uma premissa maior (fundamentos jurídicos) e uma premissa menor (fundamentos fáticos). Pelo contrário, o conteúdo do texto normativo constitucional dos direitos fundamentais exigiria fundamentação racional, harmônica e alicerçada em dados reais, na "realidade efetuada pelo homem [...] independente de toda relação"[16], de modo que os direitos sociais somente seriam efetivamente concretizados se essa realidade social, pautada inclusive pela tradição e pela cultura, fosse analisada, até mesmo pelo prisma consequencialista.

Entretanto, muito embora a análise das repercussões da decisão se coadune com o dinamismo dos conflitos trabalhistas em virtude da velocidade das mudanças sociais, inclusive no mundo do trabalho, não

13 GRAU, Eros Roberto. Porque tenho medo de juízes: (a interpretação/aplicação do direito e os princípios). 10. Ed. Refundida do Ensaio e discurso sobre a interpretação/aplicação do direito. São Paulo: Malheiros, 2021. p. 21.

14 Ibid., p. 28.

15 MÜLLER. Friedrich. Teoria estruturante do direito. Tradução: Peter Nauman, Eurides Avance de Souza. 2. ed. rev., atual. e ampl. São Paulo: Editora Revista dos Tribunais, 2009. p. 259.

16 HELLER, Hermann. Teoría del Estado. Ed. y pról. de Gerhart Niemeyer; trad. de Luis Tobío. 2. ed. México: FCE, 1998. p. 101. Tradução livre.

se pode olvidar que a substituição de uma função meramente mecânica do magistrado por uma postura mais refletida à luz da realidade dos fatos sociais faz também refletir como deveria ser utilizado o fundamento consequencialista em conflitos trabalhistas; e se as situações de crise (sejam elas pandêmicas ou econômicas) e as inovações tecnológicas autorizariam a utilização de fundamentação política como razão de decidir.

Visando a atingir os fins propostos foi utilizada a metodologia qualitativa descritiva, realizando-se pesquisas na literatura do estado da arte com o escopo de compreender o fenômeno mencionado e solucionar as dúvidas surgidas. Para tanto, o respectivo trabalho foi dividido em três capítulos, sendo que o primeiro tem o fim de fixar os pressupostos teóricos da fundamentação consequencialista para permitir não só a identificação do fundamento consequencialista jurídico, do fundamento consequencialista político, dos limites à fundamentação consequencialista e do ativismo judicial, mas também o reconhecimento do pseudoconsequencialismo ante a utilização de fundamentação falaciosa ou distorcida, com franca transgressão aos limites impostos a tal espécie de concretização do texto normativo. O primeiro capítulo também visou demonstrar os impactos processuais do consequencialismo no ato de decidir, na medida em que a sentença e o acórdão cuja *ractio decidendi* esteja pautada nas consequências práticas da decisão precisam justificar o objeto, os critérios gerais e as razões que autorizaram o raciocínio consequencialista, nos termos do § 2° do art. 489 do CPC c/c o caput e o § único do art. 20 da Lei de Introdução às normas do Direito Brasileiro (LINDB)[17].

No segundo capítulo foram analisados os acórdãos do STF em temas paradigmáticos em matéria trabalhista, quais sejam: a) ordens de bloqueio, penhora e liberação de valores da conta única do Estado (ADPF 387/PI); b) licitude da terceirização de atividade-fim ou meio (ADPF 324/DF); c) acordo individual de redução de jornada de trabalho e de salário

17 BRASIL. Decreto-Lei n. 4.657, de 04 de setembro de 1942. Lei de Introdução às Normas do Direito Brasileiro. Disponível em: <http://www.planalto.gov.br/ccivil_03/decreto-lei/del4657compilado.htm>. Acesso em: 13 jun. 2022.

em tempos de pandemia (ADI 6.363/DF); d) cadastro de empregadores que tenham submetido trabalhadores a condição análoga à de escravo (ADPF 509/DF); e) exigência de comum acordo entre as partes para ajuizamento de dissídio coletivo de natureza econômica (RE 1.002.295/RJ); f) competência para julgamento de processos envolvendo relação jurídica entre representante e representada comerciais (RE 606.003/RS); g) juros e correção monetária na Justiça do Trabalho (ADC 58/DF); h) patamar mínimo diferenciado de remuneração aos presos (ADPF 336/DF); i) equiparação de remuneração entre empregados da empresa tomadora de serviços e empregados da empresa contratada (RE 635546/MG); j) restrição ao benefício de gratuidade de justiça na Justiça do Trabalho, impostos pela Reforma Trabalhista (ADI 5.766/DF); l) exclusão dos contratos de aprendizagem da incidência de piso salarial regional (ADI 6.223/SP); m) celebração de contrato civil de parceria entre salões de beleza e profissionais do setor (ADI 5.625/DF).

As decisões do STF referentes ao tema da ultratividade das normas coletivas (ADPF 323/DF); das horas *in itinere* (ARE 1121633); e da jornada dos caminhoneiros (ADPF 381/DF) não foram estudadas porque até a data em que a fase de pesquisa foi encerrada (08 de agosto de 2022) os respectivos acórdãos não tinham sido publicados.

Como no segundo capítulo buscou-se constatar a fundamentação consequencialista e pseudoconsequencialista nas decisões do STF em matéria trabalhista, explicitando como tal fundamentação se relacionava com o Direito do Trabalho, não se levou em consideração a quantidade de acórdãos publicados pela Suprema Corte por um período de tempo específico, pois alguns temas anteriormente considerados infraconstitucionais passaram a ser reputados posteriormente constitucionais (como a celeuma da ultratividade das normas coletivas)[18], revelando a ausência de grande quantidade de casos emblemáticos na seara trabalhista.

---

18 O professor Felipe Bernardes pensa da mesma maneira. "O STF, especialmente a partir do ano de 2010, tem sido chamado a decidir questões estruturais do Direito do Trabalho, tais como a terceirização e a prevalência do negociado sobre o legislado. Algumas vezes, temas que eram reputados infraconstitucionais – e que,

O corte científico baseado em casos paradigmáticos também não afetou o resultado da pesquisa, uma vez que, além de somente com a Lei n. 13.655, de 25 de abril de 2018[19], ter sido proibida decisão com base em valores jurídicos abstratos que não considerassem as consequências práticas da decisão, o exame de acórdãos proferidos, respectivamente, em 2017, 2018, 2020 e 2021, permitiram identificar claramente quando o STF utilizou de fundamentação consequencialista jurídica e de fundamentação consequencialista política.

O terceiro capítulo, por sua vez, procurou esclarecer como a fundamentação consequencialista deveria ser usada em conflitos trabalhistas para depois, com espeque nas premissas teóricas, fixadas no primeiro capítulo, e nas espécies de fundamentos consequencialistas, identificados no segundo capítulo, averiguar os acertos e deturpações das fundamentações consequencialistas feitas pelo STF em lides trabalhistas, bem como se as situações de crise ou inovações autorizariam a utilização de fundamentação política como razão de decidir.

Por fim, o presente trabalho almeja por contribuir para o debate acadêmico do tema tendo em vista a circunstância da Suprema Corte já estar proferindo julgamentos fortemente marcados por fundamentos consequencialistas em conflitos trabalhistas, assim como pelo fato da LINDB haver transfigurado que a análise dos impactos da decisão continuaria fazendo parte da realidade dos julgamentos do Poder Judiciário, inclusive o laboral.

---

por tal razão, não eram decididos pela Corte – passam a ser considerados constitucionais, como no caso da discussão sobre a ultratividade das normas coletivas". BERNARDES, Felipe. O Direito do Trabalho no Supremo Tribunal Federal. Salvador: Editora Juspodivm, 2021. p. 75.

19 BRASIL. Lei n. 13.655, de 25 de abril de 2018. Inclui no Decreto-Lei n. 4.657, de 04 de setembro de 1942 (Lei de Introdução às Normas do Direito Brasileiro), disposições sobre segurança jurídica e eficiência na criação e na aplicação do direito público. Disponível em: <http://www.planalto.gov.br/ccivil_03/_ato2015-2018/2018/lei/l13655.htm>. Acesso em: 08 ago. 2022.

1 PRESSUPOSTOS TEÓRICOS DA FUNDAMENTAÇÃO CONSEQUENCIALISTA

1.1 A FUNDAMENTAÇÃO CONSEQUENCIALISTA E SUA DIFERENÇA COM O UTILITARISMO E O PRAGMATISMO JURÍDICO

Desde que o Estado avocou para si o dever de solucionar os conflitos de interesses, a fim de impedir que o mais forte se sobrepusesse sobre o mais fraco, fazendo justiça com suas próprias mãos, a decisão proferida pelos magistrados sempre produziu consequências, tanto dentro como fora dos autos do processo, uma vez que a sentença ou o acórdão, além de reconhecer ou não o direito pleiteado pela parte postulante, acabava moldando invariavelmente a postura da sociedade frente ao tema que havia sido objeto da análise judicial.

Todavia, não se perquiria sobre os impactos que as decisões podiam gerar internamente nos autos e/ou em relação à sistemática do ordenamento jurídico, assim como externamente aos autos, porque prevalecia o entendimento de que o Direito era uma obra entregue para a sociedade de maneira completa. Obra tão perfeita e acabada que já teria sido confeccionada e pensada sob o prisma das consequências, a ponto de Hans Kelsen haver afirmado que a norma jurídica era uma moldura dentro da qual a norma jurídica individual devia ser construída[20] e que, caso houvesse alguma indeterminação ou lacuna, o próprio ordenamento (enquanto moldura) oferecia as possibilidades de solução jurídica[21].

Não havia qualquer embaraço ou dificuldade com a decisão judicial que não pudesse ser resolvida com a aplicação da lei e o processo lógico-formal de subsunção (dedução)[22] porque o positivismo fechado defendia que a regra válida existente (a moldura), independentemente do tipo de solução jurídica adotada em caso de lacuna, devia ser aplicada para evitar sentença ou acórdão *contra legem* e garantir a estabilidade e a segurança jurídica.

Ocorre que, com o tempo, verificou-se a impossibilidade de que o Estado desse cabo de prever todas as situações litigiosas possíveis e imagináveis, bem como de oferecer soluções normativas (tantos aos litigantes como a quem competia aplicá-las) que resolvessem cada conflito por meio de normas claras e incontestáveis[23], em virtude da rapidez e complexidade das transformações sociais.

---

20 KELSEN, Hans. Teoria pura do direito. Tradução: João Baptista Machado. 6. ed. São Paulo: Martins Fontes, 1998. Disponível em: <https://portalconservador.com/livros/Hans-Kelsen-Teoria-Pura-do-Direito.pdf>. Acesso em: 09 ago. 2022.

21 Ibid.

22 LORENZETTI, Ricardo Luis. Teoria da decisão judicial: fundamentos de direito. Tradução: Bruno Miragem. Notas da tradução: Claudia Lima Marques. 2. ed. rev. São Paulo: Revista dos Tribunais, 2011.

23 Texto original: "Como dicen Aarnio, Alexy y Peczenik, se parte del entendimiento de que no es de hecho posible ningún procedimiento de producción estatal del derecho que pueda ofrecer en todo momento a los sometidos al derecho y a los encargados de aplicarlo normas capaces de resolver cada cuestión jurídica, de modo tal oue a partir de tales normas se pueda fundamentar como irrefutable una decisión, ya sea porque ésta se siga lógicamente de las normas conjuntamente con premisas empíricas o con ayuda del «método jurídico». La existencia de casos en los aue conforme a un mismo material normativo son posibles diversas decisiones justificaría la necesidad de una teoría de la argumentación jurídica apta para colmar esta laguna en la racionalidad de la práctica jurídica". AMADO, Juan Antonio Garcia. Del método jurídico a las teorías de la Argumentación. Anuario de Filo-

O processo lógico-formal de subsunção (dedução), ou seja, de análise dos fatos (premissa menor) e sua correspondência com a norma aplicável (premissa maior), perde o prestígio e começa a colapsar, não só porque os textos normativos deixam de ser produzidos de maneira compatível com a velocidade das modificações sociais, mas também porque a linguagem normativa passa a ter sentido incerto com o advento das cláusulas abertas, com conceitos indeterminados e princípios. Conceitos abertos e princípios que demandam intepretação da norma e impedem sua aplicação automática, evidenciando que o sistema legal não teria toda a plenitude afirmada por Kelsen, já que o juiz nem sempre encontraria uma regra concluída aplicável para resolver o conflito.

O esquema do raciocínio jurídico fundado no processo de subsunção, "despido de considerações axiológicas"[24], também acaba mitigado pelo fenômeno do constitucionalismo de direitos, após a Segunda Guerra Mundial, na medida em que a legislação, a jurisprudência, a atuação dos agentes políticos e as interações entre as pessoas passam a ser condicionadas por uma nova concepção de Direito, segundo a qual o Direito não poderia ser tomado como uma realidade pronta e finalizada, fruto da vontade de uma autoridade[25].

Supera-se o apego à letra da lei formalmente posta e, em decorrência, ao critério gramatical, ao formalismo exagerado e à visão de constituição invariável no tempo[26], porque se percebe que a norma jurídica não poderia mais ser entendida como texto linguístico. Isso porque além

---

sofiadelm, 1986. p. 153-154. Disponível em: <https://dialnet.unirioja.es/descarga/articulo/142099.pdf>. Acesso em: 04 dez. 2021. Tradução livre.

24 LOBO, Jorge. Hermenêutica, intepretação e aplicação do direito. Revista do Ministério Público do Estado do Rio de Janeiro, n. 72, p. 125-146, abr./jun. 2019, p. 141. Disponível em: <http://www.mprj.mp.br/documents/20184/1344914/Jorge_Lobo.pdf>. Acesso em: 27 abr. 2022.

25 ATIENZA, Manuel. Curso de argumentação jurídica. Tradução: Claudia Roesler. 1. ed. Curitiba: Alteridade, 2017. p. 32.

26 TAVARES, André Ramos. Curso de direito constitucional. 19. ed. São Paulo: Saraiva Educação, 2021.

da linguagem não comportar simplesmente uma situação, mas inúmeras situações cuja realidade, enquanto seus elementos não fossem mostrados, evidenciados e analisados, permaneceria em total abstração[27], a normatividade (o conteúdo material) não decorreria automaticamente do texto normativo como se fosse uma propriedade substancial da linguagem empregada, mas do processo de concretização pautado na realidade vivenciada pelas partes.

Assim, como o aperfeiçoamento jurídico não está contido no próprio texto normativo, a norma é apreendida com base no conhecimento dos dados reais do caso, de tal sorte que o contexto histórico fidedigno, a condição social dos envolvidos e a análise do mundo prático é que consolidam o campo normativo. Os dados concretos da realidade social e da convivência histórica entre os seres humanos são o fundamento e a parte integrante da estrutura normativa[28].

Concretizar a norma jurídica não significa interpretar ou subsumir silogisticamente ou ainda individualizar restritivamente a norma jurídica genérica para que o caso particular caiba dentro da moldura legal ou constitucional. A concretização é o ato pelo qual se produz e se constrói a norma jurídica do caso concreto trazido à baila, de acordo com o que se entende por admissível no Estado Democrático de Direito, a partir da situação fática e da hipótese legal prevista, incorporando a realidade da experiência histórica para apreender o conteúdo da norma[29].

Isso pode ser averiguado na Arguição de Descumprimento de Preceito Fundamental (ADPF) 509/Distrito Federal[30], proposta pela

---

27 ALEXY, Robert. Teoria Discursiva do Direito. Organização Alexandre Travessoni Gomes Trivisonno. 3. ed. Rio de Janeiro: Forense, 2019.

28 MÜLLER, 2009.

29 HESSE, Konrad. Temas fundamentais do direito constitucional. Textos selecionados e traduzidos por Carlos dos Santos Almeida, Gilmar Ferreira Mendes e Inocêncio Mártires Coelho. São Paulo: Saraiva, 2009. p. 109.

30 BRASIL. Supremo Tribunal Federal. ADPF 509. Relator: Ministro Marco Aurélio - Tribunal Pleno. DJE, 05 out. 2020. Disponível em: <https://portal.stf.jus.br/processos/downloadPeca.asp?id=15344589335&ext=.pdf>. Acesso em: 10 ago. 2022.

Associação Brasileira de Incorporadoras Imobiliárias – ABRAINC, em que se alegava a situação fática de que a Portaria Interministerial MTE/MMIRDH n. 4, de 11 de maio de 2016, inobservava o princípio da reserva legal por ter criado um cadastro de empregadores que haviam submetido trabalhadores a condições análogas à de escravo, sem, contudo, que houvesse lei federal oriunda do Poder Legislativo.

Os Ministros do STF, adotando o voto do relator da época, o então Ministro Marco Aurélio, partiram da hipótese legal prevista, consignando que a Portaria Interministerial MTE/MMIRDH n. 4/2016 tinha sido editada à luz do art. 87, § único, inciso II, da CF, por ter cumprido o dever de promover a divulgação de interesse público (transparência ativa), independentemente de qualquer requerimento, concernente à viabilização da publicidade das decisões definitivas, proferidas em processos administrativos referentes a autos de infração, lavrados por auditor-fiscal do trabalho, nos termos dos artigos 3º, incisos I e I, e 7º, incisos VII, alínea 'b', da Lei de Acesso à Informação.

A decisão, além de fixar que o cadastro não tinha finalidade punitiva, incorporou a realidade histórica na medida em que explicitou que a divulgação dos nomes das pessoas físicas ou jurídicas que tivessem sido autuadas em ação fiscal por submeter trabalhadores a condições análogas à de escravo potencializava a proteção do trabalhador, de acordo com a realidade vivenciada, que reclamava "utilização irrestrita das formas de combate a práticas análogas à escravidão"[31].

Invocando os ditames do art. 1º da CF, o acórdão ainda entendeu que a improcedência dos pedidos era completamente admissível no atual Estado Democrático de Direito, já que o núcleo do dispositivo constitucional mencionado proibia "a instrumentalização do indivíduo" e impunha a observância dos "valores sociais do trabalho"[32].

31 BRASIL, 2020, p. 36.

32 Ibid., p. 36.

Portanto, a nova concepção de Direito passa a cotejá-lo, no início do século XX, com o atributo da eficácia normativa (consistente naquilo que se poderia exigir judicialmente, caso necessário, com base no enunciado normativo) e com a possibilidade de as decisões judiciais concretizarem o Direito segundo o interesse da sociedade[33]. Nova concepção que pressupõe a coparticipação do magistrado no processo de criação do direito[34] e rompe com a crença de Hans Kelsen de que o juiz constitucional atuaria como se fosse um legislador negativo[35].

É justamente nesse cenário que o consequencialismo jurídico surge, buscando sopesar as implicações práticas das decisões no ordenamento vigente, assim como as implicações práticas no comportamento futuro da sociedade, mas sem desconsiderar as "fontes tradicionais de revelação do direito"[36], pois passa-se a admitir a intervenção de fatores extrajurídicos no percurso reflexivo que o magistrado deve cumprir até proferir sua decisão.

33 TOVAR, 2020.

34 BARROSO, Luis Roberto. A judicialização da vida e o papel do Supremo Tribunal Federal. 2. reimp. Belo Horizonte: Fórum, 2018.

35 Texto original: "Es aquí donde aparece la distinción entre la confección y la simple anulación de las leyes. La anulación de una ley se produce essencialmente en aplicación de las normas de la Constitución. La libre creación que caracteriza a la legislación prácticamente no se presenta en la anulación. En relación al procedimiento y solamente de manera excepcional en cuanto al contenido de las leyes que debe dictar —y ello, únicamente, por principios o direcciones generales—, la actividad del legislador negativo, o sea, la actividad de la jurisdicción constitucional, por el contrario, está absolutamente determinada por la Constitución. Es precisamente por ello que su función se asemeja a la de cualquier otro tribunal en general, y constituye principalmente aplicación del Derecho y, solamente en una débil medida, creación del Derecho; su función es, por tanto, verdaderamente jurisdiccional". KELSEN, Hans. La garantía jurisdiccional de la constitución (la justicia constitucional). Traducción: Rolando Tamayo y Salmorán. Revisión: Domingo García Belaunde. Anuario Iberoamericano de Justiça Constitucional, n. 15. Madrid, 2011, p. 249-300. p. 276. Tradução livre.

36 BELMONTE, Alexandre Agra. Consequencialismo, pragmatismo, tecnologia e análise econômica do direito: tendências no judiciário brasileiro. Revista LTr, São Paulo, ano 86, n. 3, p. 315-323, mar. 2022. p. 317.

No entanto, a análise das consequências como modo de avaliar a conformação de uma conduta não nasce com as ciências jurídicas. As raízes do consequencialismo surgem com o pressuposto utilitarista criado por Cesare Beccaria no sentido de que a lei deveria orientar as ações dos seres humanos a fim de que tivessem o máximo de felicidade ou o mínimo de infelicidade possível[37].

O termo consequencialismo, na verdade, foi cunhado pela filósofa analítica britânica Gertrude Elizabeth Margaret Anscombe no artigo "Modern Moral Philosophy", em janeiro de 1958, para descrever o principal erro das teorias morais utilitaristas de Jeremy Bentham e John Stuart Mill, qual seja, "a negação de qualquer distinção entre consequências previstas e pretendidas, no que diz respeito à responsabilidade"[38], vez que a conduta, por si só, não tinha importância nenhuma (porque para Jeremy Bentham e John Stuart Mill nenhuma consequência era intencional), estabelecendo claramente que para o consequencialismo,

37 SALAMA, Bruno Meyerhof. A História do declínio e queda do eficientismo na obra de Richard Posner. In.: LIMA, Maria Lúcia L. M. Pádua (org.). Trinta Anos de Brasil: Diálogos entre Direito e Economia. São Paulo: Saraiva, 2012. Republicado: Revista do Instituto do Direito Brasileiro da Faculdade de Direito da Universidade de Lisboa (RIDB), n. 1, 2012. Disponível em: <https://works.bepress.com/bruno_meyerhof_salama/35/>. Acesso em: 10 ago. 2022.

38 Texto original: "The denial of any distinction between foreseen and intended consequences, as far as responsibility is concerned, was not made by Sidgwick in developing any one "method of ethics"; he made this important move on behalf of everybody and just on its own account; and I think it plausible to suggest that this move on the part of Sidgwick explains the difference between old-fashioned Utilitarianism and that consequentialism, as I name it, which marks him and every English academic moral philosopher since him. By it, the kind of consideration which would formerly have been regarded as a temptation, the kind of consideration urged upon men by wives and flattering friends, was given a status by moral philosophers in their theories". ANSCOMBE, Gertrude Elizabeth Margaret. Modern Moral Philosophy. Somerville College, Oxford/United Kingdom: The Journal of the Royal Institute of Philosophy, vol. XXXIII, n. 124, jan. 1958. Disponível em: <https://www.cambridge.org/core/journals/philosophy/article/modern-moral-philosophy1/9E56836F22C34BE2CE4A3E763691C2FB#>. Acesso em: 10 ago. 2022.

numa conjectura ampla, a relevância da conduta ou o valor da ação estavam ligados às consequências que os atos praticados geravam.

Esse consequencialismo como categoria ampla engloba várias teorias filosóficas, sendo que, dentre elas, no aspecto jurídico, despontam como principais vertentes paradigmáticas a do utilitarismo e a do pragmatismo jurídico, não obstante suas perspectivas e sentidos diferentes impeçam que tais concepções possam ser igualadas.

O utilitarismo é uma forma de consequencialismo igualmente fundado sob o prisma teleológico de pensar o comportamento humano a partir dos efeitos de uma ação, desenvolvido especialmente por Jeremy Bentham e John Stuart Mill. Dissocia-se a causa (o agente) da consequência das ações, de tal sorte que pouco importa se a atitude foi boa ou ruim, criminosa ou não, caridosa, mercenária ou desumana, pois a conduta será tida como aceitável ou não, moral ou imoral, boa ou má, se as consequências forem aceitáveis ou inaceitáveis, morais ou imorais, boas ou más, já que deve imperar na decisão o bem-estar de todos e não o egoísmo de uma única pessoa.

Por sua vez, o pragmatismo jurídico, como espécie de consequencialismo, parte da premissa que o direito é um instrumento que deve ser usado se alcançar fins sociais, caracterizando-se pelo contextualismo e pelo anti-fundacionalismo. Atributos que pressupõem, respectivamente, um julgamento de acordo com as necessidades humanas e sociais, ou seja, que avalie e valore as circunstâncias em que está inserido o problema, bem como decisões que rejeitem discursos metafísicos, conceitos abstratos, dogmas e quaisquer formas obscuras de pensamento como fundamento da decisão[39].

Contudo, o consequencialismo que a nova noção de direito vem abranger não se coaduna com a visão ampla filosófica descrita acima, visto que as sentenças e os acórdãos contemporaneamente não solucionam os conflitos apenas com base nas consequências que as condutas

39 BELMONTE, 2022, p. 318.

originam, sem qualquer cotejamento com as normas e regras vigentes do sistema jurídico vigente, os valores adotados pelo Estado Democrático de Direito e a própria realidade em que o caso ocorreu.

Da mesma forma, a vertente consequencialista do utilitarismo e do pragmatismo jurídico também não foi abrangida pela nova concepção concretista do direito, pois além da causa permanecer interligada com as consequências imputadas por uma norma confeccionada pela sociedade, as decisões não são tomadas simplesmente com base no consequencialismo utilitarista de promover o bem-estar de todos e não o egoísmo de uma única pessoa, tampouco como instrumento de alcançar fins sociais. A nova acepção de direito e o consequencialismo jurídico não adotam a tese de que os fins justificam todos os meios, com total desconsideração aos valores assumidos constitucionalmente pelo país, e sequer admitem o descumprimento do texto expresso da lei ou a criação de conteúdo normativo completamente desconectado do sistema jurídico vigente para promover fins sociais.

Além do mais, não se fala em coincidência entre o consequencialismo e o utilitarismo porque não se leva em consideração só os efeitos avaliados para fins de uma decisão, vinculada a um determinado caso concreto, para resolver todos os demais conflitos, posto que a avaliação das consequências de uma sentença ou acórdão é feita em cotejo com a realidade própria da norma jurídica, valores e princípios abarcados pelo ordenamento. Ademais, transformar o fundamento consequencialista em utilitarismo de regra, passível de ser aplicado de forma geral e imutável, faria retornar a norma ao positivismo fechado e anacrônico que não acompanharia as transformações da sociedade[40].

40 Texto original: "En todo caso, conviene precisar que la noción de consecuencia a la que se está haciendo alusión no coincide con la proveniente de la tradición utilitarista, ya que no pueden tenerse en cuenta sólo las consecuencias de un caso particular para las partes, sino las consecuencias que se derivan de la propia norma jurídica y de los valores y principios básicos reconocidos en un ordenamiento. En relación a este tema, la discusión en torno a la distinción entre utilitarismo del acto y de la regla respecto a las consecuencias, parece que puede ser resuelta considerando como explica L Prieto, que 'una vez que hemos transformado el

Sim, é possível que uma decisão eventualmente indique que o consequencialismo utilitarista ou pragmatista jurídico foi a grande inspiração da solução consignada na sentença ou no acórdão. Isso ocorreu, por exemplo, na ADC 58/DF, movida pela Confederação Nacional do Sistema Financeiro - CONSIF, em que se discutia a constitucionalidade dos índices de correção dos depósitos recursais e dos débitos trabalhistas na Justiça do Trabalho, quando o Ministro Gilmar Mendes do STF, relator do caso, propôs que fosse utilizada na Justiça do Trabalho o "mesmo critério de juros e correção monetária utilizado nas condenações cíveis em geral"[41], sob o argumento, dentre outros, de que a dívida trabalhista estava "assumindo contornos extremamente vantajosos"[42]. O termo consequencialismo ou utilitarismo não foi utilizado em nenhum momento, mas restou translúcido que a decisão do magistrado foi inspirada no utilitarismo ante o intuito de promover o bem-estar de todos e não o egoísmo dos credores trabalhistas, sem, todavia, que esse tenha sido o tipo de consequencialismo adotado pelo STF e pela nova acepção de direito no Brasil.

O consequencialismo jurídico, portanto, nasce como mais um fundamento a incrementar a decisão judicial para que estas façam sentido no mundo real e também no contexto do sistema jurídico após a verificação e comparação das alternativas opostas das possíveis repercussões que a sentença ou acórdão podem gerar. Não se está diante de um método de interpretação, mas de um fundamento que aumenta a complexidade da

---

utilitarismo del acto en utilitarismo de la regla, el problema consiste en valorar las consecuencias de la decisión particular desde una perspectiva general, es decir, preguntarse qué ocurriría si el criterio que ha servido de fundamento de la decisión se convierte en una norma general del ordenamiento y, logicamente, si esa norma tiene o no cabida dentro del mismo"". SANZ, Mario Ruiz. Argumentación racional y consecuencialismo em la decisión judicial. Jueces para la democracia, 1996. Disponível em: <https://dialnet.unirioja.es/descarga/articulo/174639.pdf.> Acesso em: 03 maio 2022. p. 103. Tradução livre.

41 BRASIL. Supremo Tribunal Federal. ADC 58. Relator: Ministro Gilmar Mendes. Tribunal Pleno. DJE, 09 dez. 2021. p. 63. Disponível em: <https://portal.stf.jus.br/processos/downloadPeca.asp?id=15349093243&ext=.pdf'>. Acesso em: 10 ago. 2022.

42 Ibid., p. 73.

decisão, tendo em vista que o magistrado terá que justificar porque determinadas alternativas de consequências não autorizaram solução diversa, bem como porque certa consequência tinha sido determinante para a deliberação judicial tomada no caso *sub judice*, até para que o juiz cumpra seu dever de motivar todas suas decisões, como prevê o Estado Democrático de Direito (inciso IX da CF[43] c/c art. 489 do CPC[44]).

Trata-se de fundamento embasado em argumentação racional e coesa com os resultados práticos que se deseja alcançar, em que a realidade é tomada como elemento externo na conformação do conteúdo da norma de um determinado caso concreto, sem, contudo, que isso signifique que o prolator da decisão judicial pode ou não observar o texto de uma lei existente ou inventar uma regra com base em um princípio acolhido pelo sistema constitucional. Isso porque além de a fundamentação consequencialista possuir caráter avaliatório, limitando-se a perquirir se as consequências devem ou não ser aceitas como válidas, a deliberação fundada em consequência, por mais interessante e desejável que seja, não pode ser adotada se estiver "em contradição com alguma norma válida e de caráter obrigatório do sistema"[45].

Em outras palavras, ainda que a decisão seja aceitável e/ou adequada por motivos consequencialistas, ela somente será justificável se estiver autorizada pela lei que rege a sociedade, dado que não há espaço e lugar para os fundamentos consequencialistas conflitarem com o texto normativo vigente. Não que os magistrados só possam proferir decisões com fundamentação consequencialista se houver autorização

---

43 BRASIL. Lei n. 13.105, de 16 de março de 2015. Código de Processo Civil. Disponível em: http://www.planalto.gov.br/ccivil_03/constituicao/constituicao.htm. Acesso em: 08 ago. 2022.

44 BRASIL. Constituição da República Federativa do Brasil (1988). Brasília/DF: Presidência da República. Disponível em: <http://www.planalto.gov.br/ccivil_03/_ato2015-2018/2015/lei/l13105.htm>. Acesso em: 08 ago. 2022.

45 MACCORMICK, Neil. Argumentação Jurídica e Teoria do Direito. Tradução: Waldéa Barcellos. Revisão da tradução: Marylene Pinto Michael. 2. ed. São Paulo: WMF Martins Fontes, 2009. p. 133.

constatável pelo processo lógico-formal de subsunção (dedução), mas sim que os juízes devem atuar nos limites da lei, da analogia e dos princípios disponibilizados pelo sistema jurídico vigente.

Sim, há quem defenda que o consequencialismo anda pela mesma senda do neoconstitucionalismo, alargando os limites do texto normativo para que juízes façam justiça dentro do caso concreto, invadindo a competência de outros poderes[46]. Outros alegam que os fundamentos consequencialistas outorgam a capacidade de legislar aos magistrados, fora de suas atribuições constitucionais e legais, visto que os princípios indeterminados e genéricos passam a ser utilizados indiscriminadamente como *ratio decidendi* das decisões judiciais para chancelar o descumprimento do texto da lei ou para criarem regra[47].

Entretanto, não se pode olvidar que a análise consequencialista leva em conta as repercussões positivas e negativas que uma decisão judicial pode gerar para permitir a formação de argumentos que serão usados como uma razão a mais para fundamentar a adoção ou não da decisão a ser proferida, de tal sorte que não se estaria dando um cheque em branco nas mãos dos juízes para que decidissem arbitrariamente. O que ocorre na análise consequencialista (e não propriamente na fundamentação consequencialista que dessa decorre) é apenas a antecipação das razões que constituirão outros argumentos (estes consequencialistas) a serem utilizados para fundamentar sentenças procedentes e acórdãos providos aos litigantes ou para rejeitar decisões com efeitos inadmissíveis, prejudiciais ou contrárias, seja para o ordenamento jurídico, seja para a coletividade.

---

46 MARTINS, Ives Gandra da Silva. Consequencialismo jurídico e a constituição de 1988. In: MARTINS, Ives Gandra da Silva (coord.); CHALITA, Gabriel (coord.); NALINI, José Renato (coord.). Consequencialismo no Poder Judiciário. Indaiatuba/SP: Editora Foco, 2019. p. 18.

47 AMARAL, Antonio Carlos Rodrigues do. O juiz-legislador: consequencialismo e a constituição à la carte no brasil - a democracia e a necessária restauração do equilíbrio entre os poderes da república. In: MARTINS, Ives Gandra da Silva (coord.); CHALITA, Gabriel (coord.); NALINI, José Renato (coord.). Consequencialismo no Poder Judiciário. Indaiatuba/SP: Editora Foco, 2019. p. 182.

Por isso, espera-se que o magistrado conheça o direito e a sociedade para permitir que, compreendendo a realidade dos cidadãos de sua jurisdição, com todas as dificuldades oriundas do individualismo exacerbado contemporâneo, da ausência de valores e do vazio gerado pela cultura do narcisismo, do sucesso a qualquer custo, da falta de solidariedade e da carência de pensar no bem comum, possa proferir decisões que melhor se adequem ao local em que está inserido[48]. Decisões que compatibilizem os interesses particulares e coletivos, adotando-se uma perspectiva pública que torne efetivos os direitos de todos, sem que o individual seja absorvido pelo público, ou seja, que a inovação e autonomia individual desapareçam.

O grande problema é que, muito embora existam decisões fora desse padrão mencionado, o complicador não é o fundamento consequencialista, por si só, enquanto mecanismo de inserção da realidade como elemento externo na conformação do conteúdo da norma do caso concreto, mas o uso equivocado desse instrumento, pautado na ideia de que a ciência do Direito deveria ter o mesmo tratamento das ciências naturais.

Ora, já passou da hora de aceitar que a ciência do Direito não pode ser tratada como a ciência da natureza, pois enquanto os acontecimentos naturais decorrem de causas que se conectam com os efeitos produzidos por uma norma natural, já existente sem qualquer interferência da vontade humana, os acontecimentos jurídicos derivam de causas que se interligam com as consequências por uma norma confeccionada, segundo o desejo e intervenção humana, para imputar uma determinada conduta a alguém.

A realidade natural é diversa da realidade do Direito e cada uma exige um método distinto para análise. O método matemático pode até ser adequado (como é) para avaliar fenômenos físicos, por exemplo, porque mantendo as mesmas variantes do objeto de estudo o resultado do fenômeno será o mesmo. No entanto, esse mesmo método matemático

48 OLIVEIRA SEGUNDO, Jair Soares de. Hermenêutica constitucional: neoconstitucionalismo e mitologia jurídica no automatismo do juiz. Curitiba: Juruá, 2015. p. 158.

não será apropriado para apurar a questão jurídica trazida à baila, considerando que a conduta imputada e, em decorrência, suas implicações, podem variar no tempo e espaço, sobretudo diante da realidade social vivenciada pelo autor do comportando que está sendo estudado.

Na mesma linha de raciocínio, se a imputação de uma conduta humana pode variar no tempo e espaço, as consequências de uma decisão igualmente podem variar a depender da realidade tomada como elemento externo na conformação do conteúdo da norma de um determinado caso concreto, fazendo com que o resultado deliberado pelo magistrado seja completamente diferente a depender do lugar, do ano, da história e da cultura de um povo e das demais circunstâncias do conflito.

Como não haverá um acontecimento natural previsível e preso por normas pressupostas pela natureza, não se pode querer e esperar que todo acontecimento jurídico tenha a mesma solução judicial, porque os textos normativos não preconizam enunciados matematicamente estagnados e congelados no espaço, no tempo, na história e na cultura. Ainda que o fundamento consequencialista não parta do vazio e observe o que enuncia o texto normativo, os enunciados passam por alterações que o próprio movimento da vida impõe, sem que a redação do texto sofra modificações.

É por isso que o argumento consequencial, enquanto elemento extrajurídico da estruturação normativa e fundamento que se agrega ao ato de decidir, com base na efetiva realidade social, não pode ser um ato de conhecimento, porque além desse elemento externo das repercussões da decisão não ser dado pelo texto normativo, a consequência mais adequada à realidade, integrante e constituidora do conteúdo normativo, nunca emanará da intenção ou vontade do legislador constituinte e, muito menos, do próprio texto.

A consequência mais adequada à realidade, integrante e constituidora do conteúdo normativo será produto das reflexões e da compreensão avaliativas do magistrado sobre o texto da norma em cotejo com a realidade social do lugar, do tempo em que o conflito ocorre e da história e da cultura vivenciadas pela sociedade, revelando tratar-se de um ato constitutivo de vontade e de poder. Ato constitutivo de poder porque não há apenas uma conduta judicial declaratória, mas uma deliberação do intérprete magistrado, por meio da qual aquele que tem poder para resolver o conflito de interesses produz (constitui) o conteúdo do texto normativo e a própria norma do caso concreto. Um ato constitutivo de vontade porque as repercussões das decisões não são preexistentes para serem descobertas e declaradas, mas decorrem de avaliações feitas pelo juiz, pelo desembargador ou pelo ministro em relação aos efeitos que a decisão pode gerar, para que depois o magistrado possa escolher qual argumento consequencial deverá servir de fundamento e *ractio decidendi* para a sentença ou o acórdão e, por seguimento, elemento fundante estrutural do conteúdo normativo do texto.

Exatamente pelo fato do consequencialismo jurídico envolver um ato de escolha volitiva, através do qual o magistrado pode utilizar a sensibilidade e a intuição para penetrar na realidade de nossa sociedade complexa (optando por uma decisão cujo resultado seja mais adequado às novas situações da vida social), que é perfeitamente admissível que um juiz, desembargador ou ministro atribuam pesos diversos às consequências que uma sentença ou acórdão podem gerar, a depender do grau de intensidade e profundidade de inconveniência que seria criado pela sentença ou acórdão[49].

Afinal, em que pese haja estudiosos que sustentam que a avaliação valorativa deveria ser neutra[50] porque o interprete juiz estava vincula-

49 MACCORMICK, 2009.

50 A professora Julia Driver afirma que muitos consequencialistas ainda dizem que a análise valorativa continua neutra, ainda que os cientistas tenham constatado que os seres humanos são extremamente sensíveis à percepção de injustiça e desigualdade. Texto original: "Because appeals to agent-relative value seem rather ad hoc, and because the notion is itself problematic, most consequentialists still maintain that value is neutral. We can justify acting as though there were agent-relative values, but the reasons appealed to reference agent-neutral value in the end. The concern with equality is more difficult to accommodate. There is always the ad hoc maneuver of just holding equality itself to be an intrinsic good – and include

do pela objetividade do direito[51], a noção de que os juízes eram infalíveis em sua neutralidade, que as decisões decorriam da uniformidade e generalidade do direito e de que a segurança e certeza jurídicas eram implacáveis, foi quebrada já com a Escola do Realismo americano, quando foi ressaltado o aspecto criativo da decisão judicial e a importância da personalidade do magistrado para a melhor entrega da prestação jurisdicional.

A Escola do Realismo americano trouxe sim exageros ao se insurgir contra a visão do Direito\\difreito como um sistema normativo. Mas além de não ser essa a concepção do consequencialismo adotado no Brasil e neste trabalho científico, é inequívoco que cada magistrado tem uma personalidade distinta, já que são pessoas diferentes com histórias de vida, educação, valores, família, amigos, experiência profissional e sentimentalidade díspares. Características que contribuem para que o julgador tenha sensibilidade mais refinada para captar a realidade do contexto em que vive, adequar a solução do caso concreto de acordo com as consequências analisadas, sem ignorar as nuances individuais de cada conflito, e oferecer uma prestação jurisdicional com mais prudência, equilíbrio e harmonia com o sistema normativo e o mundo[52].

Avaliar-se-á as consequências passíveis de serem provocadas pela decisão, portanto, considerando inclusive valores ou fins públicos consagrados em normas principiológicas. Princípios que, apesar de não serem regras e não transfigurarem comandos de condutas específicas (impedindo que deles se obtenha a solução integral da celeuma sobre a

it as an irreducible element of the value to be maximized in action. But more in keeping with the spirit of consequentialism is to hold that treating people equally is important because if we don't, more people are unhappy and unfulfilled. This strategy appeals to certain features of human nature, again. Scientists have noted that humans are extremely sensitive to their perceptions of unfairness and inequality". DRIVER, Julia. Consequentialism (new problems of philosophy). New York/USA: Routledge, 2012. E-book. p. 77-78.

51 GRAU, 2021.

52 PRADO, Lídia Reis de Almeida. O juiz e a emoção: aspectos da logicada decisão judicial. 5. ed. Campinas/SP, Millennium Editora, 2010.

qual recai)[53], ao serem positivados na Constituição guardam "representações axiológicas" que não podem ser desconsideradas[54].

A circunstância de alguns doutrinadores relatarem que a interpretação e a aplicação faziam parte de uma única operação[55], dando a entender que o magistrado estava vinculado pela objetividade do direito porque a solução do conflito não sairia dos limites da norma do caso concreto (decorrente da concretização do conteúdo do texto normativo), também não mitiga a desmistificação da ausência de neutralidade do juiz, de imutabilidade e generalidade do Direito e de segurança jurídica inquebrantável. Primeiro, porque a solução do conflito de interesses continua sendo ato de vontade resultante da escolha do argumento consequencial que deverá servir de fundamento e *ractio decidendi* para a decisão, após a avaliação do ser humano magistrado (com toda sua personalidade particular) das repercussões que a sentença ou acórdão gerariam no contexto da realidade. Segundo, porque continuaria a haver normas incertas e refutáveis, haja vista a dificuldade de que a produção do texto normativo acompanhe a rapidez e complexidade das transformações sociais.

Além disso, ainda que a análise consequencialista já estivesse sendo feita no Brasil, o art. 20 da Lei n. 13.655 (LINDB), de 25 de abril de 2018[56], proibiu expressamente que sentenças e acórdãos fossem proferidos com base em valores jurídicos abstratos, sem que a avaliação

---

53 BARROSO, Luís Roberto. Neoconstitucionalismo e constitucionalização do Direito. O triunfo tardio do Direito Constitucional no Brasil. Jus, 01 nov. 2005. Disponível em: <https://jus.com.br/artigos/7547/neoconstitucionalismo-e-constitucionalizacao-do-direito>. Acesso em: 08 ago. 2022.

54 MÜLLER, Friedrich. O novo paradigma do direito: introdução à teoria e metódica estruturantes. Tradução: Dimitri Dimoulis, Gilberto Bercovici, Peter Naumann, Rodrigo Mioto dos Santos, Rossana Ingrid Jansen dos Santos, Tito Lívio Cruz Romão e Vivianne Geraldes Ferreira. Revisão da tradução: Vivianne Geraldes Ferreira. São Paulo: 2008, p. 160.

55 O professor e Ministro aposentado do STF, Eros Roberto Grau (2021, p. 49), defende que a "interpretação e a aplicação consubstanciam um processo unitário".

56 BRASIL, 2018.

das consequências práticas da decisão fosse levada a efeito. Previsão que somada ao dever de demonstrar a necessidade e adequação da medida imposta ou da invalidação do ato, nos termos do § único do mesmo dispositivo legal, não só revelou a adoção do consequencialismo pelo ordenamento jurídico brasileiro, como também confirmou o perfilhamento do direito nacional com a acepção concretista do direito, tendo em vista a necessidade de que os efeitos da decisão fossem analisados com sensibilidade refinada pelo magistrado para que, posteriormente, escolhesse (ato de vontade) a consequência mais adequada para o contexto real da sociedade local, concretizando motivadamente o conteúdo do texto normativo por meio da fundamentação.

Na verdade, legalizou-se o que já vinha ocorrendo na prática e o que tinha sido, inclusive, preconizado pelo art. 25 do próprio Código de Ética da Magistratura Nacional, instituído pelo Conselho Nacional de Justiça (CNJ) pela Resolução n. 60, de 19 de setembro de 2008[57], no sentido de que os magistrados deveriam ter cautela e atenção às consequências que podiam provocar por meio de suas decisões, a ponto da Resolução n. 423 do CNJ, de 05 de outubro de 2021, haver alterado a Resolução n. 75/2009 ("que dispõe sobre os concursos públicos para ingresso na carreira da magistratura em todos os ramos do Poder Judiciário nacional"[58]), para exigir dos candidatos conhecimento, dentre outros, sobre consequencialismo. Fica evidenciado que a fundamentação consequencialista havia se tornado mais presente no cotidiano jurídico contemporâneo.

---

57 O art. 25 do Código de Ética da Magistratura Nacional estabelece que "especialmente ao proferir decisões, incumbe ao magistrado atuar de forma cautelosa, atento às consequências que pode provocar". BRASIL. Conselho Nacional de Justiça. Resolução n. 60, de 19 de setembro de 2008. Institui o Código de Ética da Magistratura Nacional. DJE/CNJ n. 57/2008, 30 set. 2008. p. 2-5. Disponível em: <https://atos.cnj.jus.br/atos/detalhar/127>. Acesso em: 21 maio 2022.

58 BRASIL. Conselho Nacional de Justiça. Resolução n. 423, de 05 de outubro de 2021. Altera a Resolução CNJ nº 75/2009, que dispõe sobre os concursos públicos para ingresso na carreira da magistratura em todos os ramos do Poder Judiciário nacional. DJE/CNJ n. 259/2021, 6 out. 2021. p. 15-19. Disponível em: <https://atos.cnj.jus.br/atos/detalhar/4147>. Acesso em: 21 maio 2022.

Demonstra-se que os próprios órgãos do Judiciário reconheceram que a solução das lides não estava pronta em uma estante e exigiria uma atuação do intérprete juiz. Uma atuação consistente em explicar justificadamente por qual motivo e como havia sido realizada aquela determinada escolha consequencial entre as variáveis disponíveis, dando origem ao fundamento consequencialista da decisão judicial.

Não há, portanto, mero juízo de legalidade, como defende Eros Roberto Grau[59], porque além do conflito de interesses não ser resolvido com a mera aplicação da lei e do processo lógico-formal de subsunção (dedução), o próprio *caput* c/c § único do art. 20 da LINDB estabelece o dever (e não mera possibilidade) do magistrado realizar juízos de discricionariedade a fim de escolher qual argumento consequencialista deverá servir de fundamento e de *ractio decidendi* para a sentença ou o acórdão e não somente para servir de elemento fundante estrutural do conteúdo normativo do texto. Não se autoriza a arbitrariedade, mas a discricionariedade judicial para que o juiz subjetivamente e prudentemente, observando os limites sistêmicos do ordenamento jurídico, avalie se vai captar uma ou outra consequência diante do contexto da realidade em que o conflito a ser solucionado acontece.

A adoção dessa concepção do consequencialismo pelo STF pode ser constatada até mesmo na ADI 3.614-9/PR[60], proposta pelo Conselho Federal da Ordem dos Advogados do Brasil, em que se alegava a inconstitucionalidade do Decreto n. 1.557, de 09 de julho de 2003, do Estado do Paraná, frente aos ditames do art. 144, *caput*, incisos IV e V e § 4º e 5º, da CF, por autorizar e disciplinar a atuação de subtenentes e sargentos da Polícia Militar daquele Estado nos municípios que não contassem com

59 GRAU, 2021.

60 BRASIL. Supremo Tribunal Federal. ADI 3.614. Relator: Ministro Gilmar Mendes. Relatora para o acórdão: Ministra Cármen Lúcia - Tribunal Pleno. DJE, 23 nov. 2007. Disponível em: <https://redir.stf.jus.br/paginadorpub/paginador.jsp?-docTP=AC&docID=495516>. Acesso em: 10 ago. 2022.

o servidor de carreira para o desempenho das funções de Delegado de Polícia, inclusive com poderes para elaborar o termo circunstanciado.

A Suprema Corte, por maioria, acompanhando a linha do voto da Ministra Cármen Lúcia, julgou procedente a ação, partindo da premissa que, ao se determinar o exercício da função por pessoas que não integravam a carreira (sem ocupar o cargo, portanto), dar-se-ia a legitimação do desvio de função, de modo contraditório ao ordenamento jurídico administrativo vigente, transfigurando que a solução tomada não havia desconsiderado as regras válidas existentes e a força normativa do princípio da legalidade, bem como, muito menos, partido do vazio ou da pura arbitrariedade[61].

Pelo contrário, a própria Ministra relatora invocou sua experiência particular ao afirmar que já tinha sido vítima de uma cidade sem Delegado, confirmando que o magistrado era ser humano e trazia para o julgamento, dentre outros, sua história de vida, educação, valores e experiência profissional. Mais do que isso, não aceitando o STF o argumento do relator, Ministro Gilmar Mendes, no sentido de que, como não havia policiais civis para prestar serviço em todos os municípios, a manutenção do serviço público exigia um pensamento do que era possível fazer frente a necessidade, o acórdão consignou que eventual julgamento de improcedência geraria, como consequência, a omissão, apatia e acomodação do Governo do Estado de Paraná em relação ao seu dever de realizar concurso público para Delegado de Polícia (uma vez que alguém já estaria desempenhando essas funções), demonstrando claramente que a Suprema Corte já estava se valendo do fundamento consequencialista como razão de decidir, a ponto de ter avaliado qual consequência gerada pela decisão deveria prevalecer no caso concreto mencionado[62].

A decisão tomada ainda mostrou que o ato de vontade, pautado na avaliação da captura de uma ou outra consequência, havia adentrado com sensibilidade refinada no contexto da realidade social em que

61 Ibid., p. 15.

62 BRASIL, 2007, p. 19-20.

o conflito acontecia, tanto que a Ministra Cármen Lúcia, apesar de ter declarado que reconhecia as dificuldades do Estado do Paraná no particular, não ignorou a situação dos policiais militares não terem formação específica em Direito para fazerem o juízo de avaliação jurídica dos fatos para, posteriormente, lavrarem o termo circunstanciado[63], evidenciando prudência, equilíbrio e harmonia ao decidir com o sistema normativo e o mundo real.

Dessa forma, o acórdão proferido junto à ADI 3.614-9/PR, mesmo sendo publicado em 23 de novembro de 2007, ratificou que o fundamento consequencialista incrementava a racionalidade judicial para que as decisões fizessem sentido no mundo real e também no contexto do sistema jurídico, após a verificação e confronto das alternativas opostas das possíveis consequências que a decisão podia criar, confirmando a tese de que não havia mesmo uma única decisão correta como alardeado pelo positivismo formal.

Além disso, a hipoteticidade e a probabilidade das consequências da decisão, ainda que baseadas em suposições ou no bom senso (ante a ausência de provas e de cálculos matemáticos de probabilidade), não retiraram do consequencialismo jurídico o papel importante de justificar e editar coerentemente o conteúdo de uma norma, produzindo, em decorrência, uma consequência previsível pautada em razões finalistas.

Por outro lado, conquanto o exemplo citado tenha comprovado a adoção do consequencialismo jurídico pelo STF como mais um elemento estruturante do conteúdo do texto normativo, não se pode omitir que várias teorias surgiram para tentar explicitar os critérios mais importantes do fundamento por consequência, destacando-se as teorias de MacCormick, Wróblewski e Feteris.

Nesse sentido, Donald Neil MacCormick, partindo do pressuposto que as deliberações legais são normativas e fixam padrões de comportamento para o mundo que não podem ser desrespeitados (quando

63 Ibid., p. 19-20.

válidos e obrigatórios), defende que a justificação consequencial somente deve ser utilizada caso haja problemas de pertinência, prova ou classificação e interpretação que impeçam a solução do conflito de interesse pelo silogismo dedutivo.

MacCormick não chega a dizer expressamente que a fundamentação consequencialista só deve ser usada em casos difíceis e sequer quais são esses conflitos complexos. Entretanto, o confronto das assertivas do catedrático, no diapasão de que os juízes precisavam "fazer justiça de acordo com a lei, e não a justiça pura e simples"; de que se fosse "possível justificar decisões jurídicas por meio de argumentos dedutivos" não haveria pertinência de raciocinar por consequências; de que a prova nem sempre era "uma garantia de estabelecimento de verdade", em virtude das lembranças e percepções das pessoas honestas poderem ser falsas; e de que, mesmo havendo provas, poderiam ocorrer problemas de interpretação com relação à natureza dos fatos e celeumas com a classificação do conflito no que se referia a ser "questão de fato ou de direito"[64], permitiu concluir que os problemas por ele relatados eram exatamente os casos difíceis em que o fundamento consequencialista deveria incidir.

Ao fim e ao cabo, a justificação consequencial é introduzida por MacCormick como elemento da fundamentação da decisão e só guardaria o caráter igualitário do Estado de Direito se os requisitos da coesão e da coerência estivessem presentes na fundamentação da decisão. Isto é, se os fundamentos consequencialistas, respectivamente, não estivessem em contradição com norma válida e obrigatória do ordenamento jurídico, assim como se houvesse conformidade com os valores do sistema, mediante a racionalização do fundamento por meio da utilização de princípios.

Da mesma maneira, Jerzy Wróblewski parte igualmente da premissa de que, havendo norma válida e obrigatória, a decisão deve ser proferida de acordo com a lei, razão pela qual a legalidade seria um dos elementos de sua estrutura teórica. A sentença ou o acórdão não criam a lei, mas a aplicam, de tal sorte que a limitação do alcance do direito

64 MACCORMICK, 2009, p. 93, 111, 119, 121 e 127.

autorizava a decisão a implementar a análise valorativa das consequências para inclui-la entre as razões da solução judicial levada a efeito.

Apesar de Wróblewski ter feito menção que a prática não englobava a escolha de consequências das decisões, preconizada explicitamente pela ordem jurídica como poder discricionário do magistrado, o estudioso mais uma vez se aproxima de MacCormick, não só quando introduz o fundamento consequencial, após a devida avaliação das repercussões, como elemento da decisão, mas também quando reconhece que a averiguação das consequências é baseada em princípios, na hipótese em que estes são usados para fundamentar a decisão consequencial ou na hipótese em que a escolha dos princípios depende da avaliação de seus efeitos.

Mesmo esclarecendo que sua tese não tinha um princípio como última razão de decidir, o critério da racionalidade, cunhado por Wróblewski, também evidenciou a proximidade com a teoria de MacCormick. Isso porque ao avaliar as consequências pelo parâmetro interno, o catedrático afirmou que a decisão consequencialista devia estar em coerência com os valores do sistema normativo vigente (regras e princípios), na mesma linha de MacCormick.

A novidade de Wróblewski, a despeito de ele não vincular o consequencialismo a casos difíceis como MacCormick, está no parâmetro avaliativo externo e misto das consequências, pois pelo primeiro utiliza-se valores para analisar a decisão jurídica fora do sistema, principalmente sob o ponto de vista da justiça material, enquanto o segundo verifica a aceitabilidade, ou seja, a aprovação ou rejeição das consequências pela sociedade concretamente[65].

65 Texto original: "Wróblewski's proposal to evaluate consequences identifies internal, external and mixed criteria. The internal criterion evaluates consequences in relation to the elements of the system, and has as sub-criteria consistency, normative coherence and formal justice. Coherence requires that the argument, the chain of arguments and the decision resulting from it are axiologically coherent with the respective legal order (WRÓBLEWSKI, 1984, p. 153), the verification of which demands the identification of the values underlying rules, principles and legal institutions. The external criterion uses values that enable the assessment of a legal decision from outside the system, substantive justice being the most impor-

Por seu turno, a teoria pragma-dialética de Eveline T. Feteris também tem como critério central o cumprimento da norma aplicável, porém buscando realizar a finalidade nela incrustrada. É por isso que a estudiosa sustenta que a fundamentação consequencialista deve ser utilizada para justificar a decisão apenas se as consequências se ajustarem ou permitirem a concretização do objetivo desejado, pois somente assim a solução seria entendida como aceitável.

Conquanto Feteris não tenha dito expressamente que este tipo de fundamentação somente devia ser usado para casos difíceis, a circunstância do catedrático haver afirmado que a fundamentação consequencialista devia ser utilizada unicamente quando o juiz fosse confrontado com variadas possibilidades de intepretação e, em decorrência, escolher entre as alternativas de maneira equilibrada, de acordo com as consequências almejadas ou não para o fim da regra, permitiu concluir, como ocorreu com MacCormick, que as situações por ele elencadas eram justamente os casos difíceis em que o consequencialismo deveria ocorrer.

Feteris inova, em confronto com MacCormick e Wróblewski, quer quando vincula o raciocínio consequencialista ao resultado da coordenação do fundamento consequencial, teleológico e de coerência, quer quando declara que o magistrado deve utilizar a razoabilidade e a equidade como vetores valorativos para equilibrar diferentes interesses nas interpretações de uma regra, motivo pelo qual, a depender de como a razoabilidade e a equidade fossem usadas, a regra poderia ser restringida ou estendida, com base nas consequências absurdas levantadas[66].

tant one. The mixed criterion is acceptability (AARNIO, 1987, p. 185), and consists of the approval or rejection of the consequences by a concrete audience, i.e., the one that has particular social features and shares a certain axiological consensus". CARBONELL, Flavia. Reasoning by consequences: applying different argumentation structures to the analysis of consequentialist reasoning in judicial decisions. Cogency, vol. 3, n. 2, 2011, p. 81-104. Disponível em: <https://dialnet.unirioja.es/descarga/articulo/3963497.pdf>. Acesso em: 03 maio 2022. p. 92. Tradução livre.

66 Texto original: "Feteris also emphasises the importance of reasonableness and equity as values for the judge to consider when balancing different competing interpretations of a rule, and that may be used in restricting or extending the sphere

Vale destacar que nem mesmo o fato de Eveline T. Feteris ter adotado a equidade como vetor valorativo e a situação de Wróblewski haver tomado como parâmetro avaliativo externo a averiguação da decisão jurídica fora do sistema, principalmente sob o ponto de vista da justiça material, quebraria a novidade trazida pelo primeiro catedrático, na medida em que, enquanto para Wróblewski a justiça material era vista de maneira externa, olhando para fora dos autos, para Feteris a equidade estaria relacionada com a justiça do caso concreto, olhando para dentro dos autos.

De toda sorte, resta claro que a problemática gira em torno da fundamentação consequencialista e que nem o ordenamento jurídico brasileiro e nem o STF adotaram especificadamente uma das teorias mencionadas em sua completude. O que se observa é uma aproximação com os três estudiosos no que concerne ao respeito e cumprimento à norma vigente e válida, ficando a fundamentação consequencialista para os casos difíceis.

1.2 IDENTIFICAÇÃO DA FUNDAMENTAÇÃO CONSEQUENCIALISTA JURÍDICA E DA FUNDAMENTAÇÃO CONSEQUENCIALISTA POLÍTICA E SUAS DIFERENÇAS

Como visto, a fundamentação consequencialista jurídica é um fundamento que incrementa o discurso judicial, a fim de que, após a verificação e comparação das alternativas opostas das possíveis repercussões que a sentença ou acórdão podem gerar na realidade, promova-se a concretização do conteúdo do texto normativo de um determinado caso concreto.

Visando a explicitar os critérios mais importantes do fundamento consequencial, surgiram várias teorias, sobressaindo-se as teses de MacCormick, Wróblewski e Feteris, muito embora nenhuma delas

of application of a rule based on the absurd consequences that a too extensive or too restrictive application can produce with relation to the rule's goal (Feteris, 2005, p. 462)". CARBONELL, 2011, p. 81-104. Tradução livre.

tenha diferenciado o fundamento consequencialista jurídico do fundamento consequencialista político.

Enquanto Donald Neil MacCormick classifica as consequências apenas em repercussões de curta e longa duração (ligada a ideia de tempo), Wróblewski rotula os feitos da decisão nas categorias lógico-semiótica, normativa e factual ou extrajurídico, mas sem que os dois estudiosos tenham traçado qualquer paralelo entre a diferença da justificação jurídica e a política. Segundo Jerzy Wróblewski, a primeira categoria é inferida de princípios de raciocínio, dentre eles, da lógica, da retórica e da argumentação. A segunda procede da dedução direta da norma ou da interpretação do texto normativo tidos como válidos. A terceira é a que deriva dos fins da norma, de sua racionalização ou, ainda, de fundamentos axiológicos.

De outra banda, muito embora Eveline T. Feteris não tenha categorizado as espécies de consequências, Joxerramon Bengoetxea, ciente da dificuldade da doutrina em identificar com clareza as repercussões que as sentenças e os acórdãos produziam, classificou as consequências como as que causam resultados externos e internos à decisão judicial.

As consequências que produzem os resultados externos são assim identificadas porque decorrem dos comportamentos ou efeitos que a decisão gera na realidade social extrajurídica regulada pelo direito, como, por exemplo, as consequências socioeconômicas, as quais servem de diretriz interpretativa para que seja tomada a decisão que gere a melhor consequência, mesmo sendo postuladas como suposições e hipóteses não probabilísticas (não comprovadas ou com prova em probabilidades).

Por sua vez, as consequências que geram os resultados jurídicos internos são as relacionadas com os impactos jurídicos da decisão sobre outras normas do ordenamento jurídico vigente, bem como valores jurídicos normativos (a segurança jurídica, por exemplo), em decorrência da escolha da norma a ser aplicada, e não da escolha da interpretação a ser feita, objetivando garantir a coesão e coerência sistêmica[67].

Bengoetxea, portanto, contribui para a identificação da categoria do consequencialismo jurídico na medida em que sinaliza que os fundamentos dessa espécie aparecerão na decisão quando o magistrado analisar as repercussões da sentença ou acórdão em relação às demais normas, valores e princípios adotados pelo ordenamento jurídico, de maneira a impedir incoerências ou contradições dentro do próprio sistema jurídico normativo.

---

67 Texto original: "Aun siendo consciente de la dificultad inherente al problem, propongo distinguir a) por un lado entre dos tipos de consecuencias – 1) consecuencias como resultados o repercusiones externas de una decisión judicial en el entorno o periferia del derecho y 2) consecuencias como implicaciones jurídicas en el derecho [...]. Las consecuencias como resultados o repercusiones de la decisión judicial en el realidad social extrajurídica, serían los efectos externos de la decisión, lo que MacCormick llamaría *behavioural outcomes*, o comportamentos que resultan de lá decisión. [...]. Según Rudden (1979) este tipo de argumentos consecuencialistas se utilizan para refinar o afinar interpretativamente uma regla que condujera a los mejores resultados valorados desde una axiologia concreta. [...]. Las consecuencias como implicaciones en el derecho. En este caso, el derecho podría tomarse en un sentido dogmático como ordenamiento jurídico o en un sentido social conjunto de operadores jurídicos y prácticas jurídicas operativas. [...] En el primer caso se trata de observar lo que les ocurre a las normas interpretadas e o las normas relacionadas sistémicamente con las interpretadas al tomar una u otra decisión jurídica de interpretación o de validez, es decir se trata de analizar el impacto de una decisión determinada dentro do ordenamiento en su conjunto entendido como sistema jurídico. En el segundo caso se trata de analizar las implicaciones de la decisión dentro del derecho como fenómeno social: como orden normativo con ciertas funciones sociales, con ciertos operadores y ciertos roles específicos y con uma subcultura particular. Nos encontramos ahora con una tema difícil de controlar, por cuanto se trata de consecuencias que normalmente no figuran en la motivación, salvo que conecten com valores de rango jurídico-normativo por ejemplo la certeza jurídica, la efectividad del derecho, la posibilidad de invocar el derecho ante los órganos jurisdiccionales, etc". BENGOETXEA, Joxerramon. Una defensa del consecuencialismo en el derecho. Universidad del País Vasco, Donostia. Vol. II, n. 2, dez. 1993, p. 31-68. Disponível em: <https://pt.scribd.com/doc/244518434/Bengoetxea-Una-defensa-del-consecuencialismo-en-el-Derecho--pdf>. Acesso em: 24 maio 2022. p. 43, 44, 47 e 49. Tradução livre.

Nesse sentido, pode-se afirmar que o fundamento consequencialista jurídico, também conhecido como intrajurídico ou interno, não resulta da escolha entre as alternativas de interpretação sobre o mesmo texto normativo. Trata-se, na verdade, de justificativas usadas pelo juiz, pelo desembargador ou pelo ministro para esclarecer os motivos pelos quais a decisão, tomada num determinado sentido e não em outro, tinha sido a melhor opção de alternativa consequencialista para provocar menos impactos e sequelas sistêmicas no ordenamento jurídico.

Para Gabriel Machado, tal espécie de fundamentação pautada em implicações puramente jurídicas de decisões, quando em confronto com as demais normas, valores e princípios da sistemática do ordenamento jurídico, não importaria necessariamente em juízos consequencialistas, pois as ponderações lançadas na decisão apenas transfiguravam os efeitos estabelecidos pela norma ou declarações já autorizadas pelo direito[68].

Entretanto, ainda que mereça respeito o entendimento de que a averiguação das implicações puramente jurídicas das decisões não geram juízos consequencialistas, a premissa parece equivocada, uma vez que, além de partir do pressuposto de que as repercussões puramente jurídicas não criavam impactos no mundo real (afirmando indiretamente a crença de que o conteúdo da norma jurídica já estava completo e havia sido dado pelo legislador), também desconsiderava totalmente a conexão que devia existir entre a realidade e o texto normativo, por intermédio da concretização, deixando de sopesar, sobretudo, a diferença impactante que o lugar, o tempo, a história e a cultura do povo e as demais circunstâncias do conflito causavam sobre a normatividade (o conteúdo das normas).

Além do mais, se a coesão e a coerência do ordenamento jurídico dependem da avaliação das consequências passíveis de serem

68 MACHADO, Gabriel. Formalismo judicial como alavanca de resultados globais superiores. In.: LEAL, Fernando (coord. ger.); CARDOSO, Henrique Ribeiro (coord. ger.); VASCONCELOS, Agtta Christie Nunes (org.); FEITOSA NETO, Pedro Meneses (org.). Direito regulatório comportamental e consequencialismo: nudges e pragmatismo em temas de direito. Rio de Janeiro: Lumen Juris, 2020.

provocadas pela decisão no caso difícil complexo, mesmo no âmbito interno, observando-se valores ou fins públicos consagrados em normas principiológicas, evidente que não haveria mera dedução lógica subsuntiva dos efeitos estabelecidos pela norma ou declarações já autorizadas pelo direito, seja porque a análise das consequências não decorre do texto normativo, seja porque a decisão judicial, proferida com base em fundamento consequencialista jurídico, depende de escolha valorativa a ser feita pelo magistrado.

Na prática, contudo, o fundamento consequencial jurídico nem sempre é fácil de ser identificado na decisão, vez que os magistrados, via de regra, não consignam nas sentenças e acórdãos quando estão ou não se valendo do raciocínio consequencialista jurídico, exigindo, por conta disso, que o interessado fique atento ao discurso transcrito para captar o momento em que o juiz, o desembargador ou o ministro estão tratando do que ocorreria juridicamente, em termos sistêmicos, caso a decisão fosse levada a efeito naquele ou em outro sentido.

Eventualmente, termos ou expressões como, por exemplo, interpretação sistemática, inconstitucionalidade por arrastamento, contradição, incoerência, incongruência e incompatibilidade podem indiciar o raciocínio consequencialista jurídico, desde que estejam relacionados com a invocação de outros dispositivos da constituição ou de outros regramentos vigentes do ordenamento jurídico. É o que ocorreu no caso do RE 1.002.295/RJ que tratou do tema de repercussão geral n. 841, o qual visava a verificar se era constitucional ou não exigir comum acordo dos sindicatos dos trabalhadores e dos empregadores das categorias envolvidas para ajuizar o dissídio coletivo de natureza econômica.

Nesse processo, o relator Ministro Marco Aurélio, do STF, ainda na ativa, ao confrontar o inciso XXXV do art. 5º e o § 1º do art. 217, ambos da CF, com o § 2º do art. 114 da CF, não só afirmou que o acesso à Justiça deveria ter um "alcance abrangente", como consignou que a "interpretação sistemática" direcionava a tal abrangência, visto que o § 1º do art. 217 da CF tinha limitado o acesso à Justiça ao esgotamento da fase administrativa apenas ao deporto e o § 2º do art. 114 da CF sequer havia preconizado qualquer comum acordo para que os sindicatos ajuizassem o dissídio coletivo, deixando claro que se a decisão fosse pela constitucionalidade da exigência do comum acordo para o ajuizamento do dissídio coletivo de natureza econômica, ter-se-ia uma incongruência sistêmica[69].

O comum, porém, é que não haja qualquer sinal do magistrado de que iniciará a fundamentação consequencialista jurídica, sendo que, em tal hipótese, será determinante para o reconhecimento pelo interessado a percepção de que o juiz, o desembargador ou o ministro alertarão que a decisão levada a efeito estará desconsiderando ou afastando os ditames de outro dispositivo da constituição ou de outro diploma legal vigente do sistema jurídico. Isso ocorreu na ADC 58/DF, que buscava averiguar a constitucionalidade ou não da utilização da TR para atualização dos créditos trabalhistas, nos termos do art. 879, § 7º, e art. 899, § 4º, todos da CLT, como fixado pela Reforma Trabalhista, e do IPCA-E, como sedimentado pela jurisprudência do TST.

Nesses autos, após a maioria dos ministros do STF terem fixado que em relação à fase extrajudicial, devia ser utilizado como indexador o IPCA-E e que em relação à fase judicial, a atualização dos débitos judiciais devia ser efetuada pela SELIC, a Ministra Rosa Weber alertou que a decisão, da maneira como firmada, estava excluindo os juros de mora porque o STF estava afastando a incidência do art. 883 da CLT, já que tal dispositivo celetista assegurava juros de mora desde a data do ajuizamento da ação até a efetiva satisfação do crédito. Segundo a Ministra Rosa Weber, reproduzir-se-ia o equívoco e a inconstitucionalidade porque a Reforma Trabalhista não havia alterado o texto normativo do art. 883 da CLT e a

69 BRASIL. Supremo Tribunal Federal. RE 1.002.295. Relator: Ministro Marco Aurélio. Redator para o acórdão: Ministro Alexandre de Moraes - Tribunal Pleno. DJE, 13 out. 2020. p. 8-10. Disponível em: <https://portal.stf.jus.br/processos/downloadPeca.asp?id=15344661394&ext=.pdf>. Acesso em: 10 ago. 2022.

taxa SELIC continha mera expectativa inflacionária, demonstrando, assim, a seus pares, a incompatibilidade sistêmica que entendia existir[70].

Por outro lado, ainda que a diferenciação feita por Bengoetxea possa indicar que a fundamentação consequencialista política era a que avaliava os resultados externos da decisão na realidade social extrajurídica, tal critério de categorização, por si só, não é suficiente para identificar de modo inquestionável quando o magistrado está ou não se valendo de justificações políticas para escolher qual alternativa de consequência política deveria prevalecer, a fim de impedir que a decisão judicial causasse menos impacto ou repercussão na sociedade, considerando-se o grau de generalidade e a quantidade de tipos de resultados externos que podiam aparecer.

Diante desse cenário de indefinição doutrinária em relação à categorização da fundamentação consequencial política, passa a ser muito importante a diferenciação entre direito e política para que o operador do direito consiga distinguir a fundamentação consequencialista jurídica da fundamentação consequencialista política e, por conseguinte, perceber se a decisão judicial observou ou não os limites do direito.

De fato, muito embora o direito e a política se inter-relacionem em virtude de os dispositivos jurídicos incorporarem a vontade política dos legisladores, a diferença tem enorme relevância, dado que a obrigação dos magistrados de aplicar normas que possuem origem política não lhes autoriza a decidir com base em "critérios de oportunidade política", mas sim preservar a precisão das decisões assentadas no conteúdo do direito[71].

Não se trata de apregoar ingenuamente a neutralidade da política do direito e, muito menos, que os magistrados devem ser avessos à política. Na verdade, busca-se reconhecer que, enquanto o direito é uma ordem normativa do certo e do errado que facilita a vida em sociedade por fixar o que as pessoas devem ou não fazer, a política consiste,

70 Id., 2021, p. 181-182.

71 DIMOULIS, Dimitri. Positivismo jurídico: teoria da validade e da interpretação do direito. 3. ed. refor. e ampl. E-book. EUA, 2022. p. 74-75.

modernamente falando, na arte de governar com prudência para promover o bem comum de todos, realizando os negócios do governo de modo a alterar efetivamente a realidade dos governados[72].

A política, portanto, sob a ótica moderna adotada por este trabalho diante da polissemia do termo, está estreitamente ligada ao poder que tem o administrador de agir livremente, dentro dos limites da lei, para escolher dentre as alternativas a que, segundo o seu juízo de conveniência e oportunidade política, preserve o melhor interesse público. Liberdade discricionária limitada pela lei que, por si só, afasta a ideia

72 Texto original: "Politics concerns the exercise of governmental power within a polity, exercised with a view to some conception of a common good for the whole. This includes, as was said recently, some defensible conception of justice among persons over whom the state has jurisdiction. In political contests, what rivals seek is to gain the positions of predominance in the legislative and executive branches of government. That is, they seek positions in which they can exercise unilateral powers that are powers for general good. [...]. There are other significant interfaces between the legal and the political. Politicians in all forms of representative government and a fortiori in democracies compete to achieve power in the sense of a practical ability to make changes in the way people live and the relative well-being of citizens and a fair balance of welfare among them. But in a law-state (the very term is redolent of 'structural coupling'), the power they seek requires the acquisition and exercise of an aggregate of powers under law, that is, legal powers. [...]. Legal power as a form of normative power is the ability of one person or agency to change the legal situation of some person or agency, creating some new duty or expansion of an existing duty, or making wrong that which was not previously wrong, or conferring, or extending, or restricting, or annulling some other power. Political power is better conceptualized as power-in-fact rather than normative power. It is not about changing what in some way people ought to do. It is about changing what they actually do, but in a law-state this can only be achieved through what is also an exercise of legal power. [...]. But it has to be said again that law only facilitates, while politics carries out—anyway, politicians as members of the executive branch, assisted by the state's civil servants, carry out—the business of government. [...]. Mutual respect for the difference of roles in a constitutional regime of separated but mutually interactive powers is not only (in a trivial sense) essential to the security of such a regime; it is essential to a well-secured rule of law. The conceptual difference must be fully acknowledged between law as a normative order of right and wrong versus politics as a domain of statecraft guided by considerations of prudence". MACCORMICK, Neil. Institutions of Law (Law, State, and Practical Reason. OUP Oxford. E-book. p. 177, 181, 183, 185. Tradução livre.

de atuação arbitrária, ante a impossibilidade do representante do Poder Executivo realizar os juízos de valor fora dos limites normativos, e que sinaliza o dever de que a escolha seja voltada ao interesse da coletividade. Mesmo que o bem comum admita concepções variadas na doutrina (as quais não são objeto desse estudo), o objetivo, na ótica da política representativa como linha de ação da boa governança, no regime democrático de direito, é garantir igualdade de oportunidade para todos, sem inclinação pessoal do administrador por quaisquer cidadãos, classe ou categoria, limitando-se o Poder Executivo a cumprir o dever de usar da discricionariedade em favor daqueles a quem o Poder Legislativo visou a beneficiar.

Nesse diapasão, tomando como premissa que as questões políticas envolvem decisões discricionárias (e não arbitrárias) para promover o bem comum, pode-se concluir que a fundamentação consequencialista política para os fins deste trabalho é a repercussão e impacto que uma decisão judicial pode produzir na realidade social fora dos autos, em virtude de atingir os atos de governar e/ou os negócios do governo, produzidos pelo Executivo e o Legislativo, prejudicando exatamente o bem-estar geral que se buscava promover.

São efeitos de sentenças e acórdãos que envolvem questões políticas relacionadas ao interesse público, posto que, se levadas a efeito em determinado contexto da realidade, podem eventualmente macular a eficácia dos meios escolhidos pelo Poder Executivo para atingir a finalidade objetivada do bem comum, bem como tornar o caminho político selecionado inconveniente dentro da conjuntura social ou até mesmo inconveniente a própria meta buscada pela política. Consequências, logo, que podem romper a complexa linha de ações articuladas para atender ao interesse da coletividade.[73]

Não se trata aqui de judicialização da política, ou seja, do fenômeno pelo qual temas políticos, definidos e resolvidos na esfera do Poder Legislativo ou do Poder Executivo, serão decididos pelo Poder Judiciário a partir de argumentos jurídicos, com franca ampliação dos

73 MACCORMICK, 2009.

poderes de ingerência dos magistrados no campo político, mediante a participação na elaboração e/ou concretização de políticas públicas. Diferentemente do que ocorre na fundamentação consequencial jurídica, na judicialização da política a questão material da lide ou a natureza jurídica do assunto a ser decidido envolve necessariamente uma questão política, de tal sorte que o "político passa a ser processado pelo jurídico"[74] com respeito aos preceitos constitucionais.

Na fundamentação consequencialista política, a questão material trazida à baila não é política. O que se tem é a utilização de um fundamento político para incrementar o discurso judicial para que as decisões façam sentido no mundo real, depois da verificação e da comparação das alternativas opostas dos possíveis efeitos políticos que a sentença ou acórdão podem gerar, tomando-se a realidade como elemento externo na conformação do conteúdo da norma de um determinado caso concreto.

Observa-se, na verdade, a presença do fenômeno da politização do Poder Judiciário na medida em que os fundamentos políticos passam a ser empregados no discurso judicial para explicitar aos envolvidos e justificar racionalmente e coerentemente à sociedade as razões pelas quais a decisão tinha ou não sido proferida em determinado sentido, diante dos efeitos políticos que poderiam ser causados. Fundamento consequencialista político que, ao fim e ao cabo, acaba demostrando que decidir o caso de determinada maneira, mesmo diante de outras alternativas, garantia a manutenção e não o prejuízo do bem-estar geral da coletividade.

Para Boaventura de Sousa Santos, a judicialização da política, originada pela crise de representação política dos legisladores, pela maior conscientização dos cidadãos em relação aos seus direitos e pela postura omissa dos políticos eleitos de transferirem a decisão sobre temas controvertidos para o Judiciário, a fim de se libertarem do peso

---

74 VERBICARO, Loiane Prado. Judicialização da política, ativismo e discricionariedade judicial. 2. ed. Rio de Janeiro: Lumen Juris, 2019. p. 396.

político marcante das deliberações impactantes tomadas, fez surgir também a politização da justiça[75].

Com efeito, a inclusão eventual de assuntos de natureza política em textos normativos, bem como a transferência pelos legisladores de temas políticos complexos ao Judiciário, para fugirem do peso político, fez com que, respectivamente, o objeto principal do exame formal da constitucionalidade ou não de uma lei ou ato normativo e a lide do caso concreto fossem a questão política de mérito a ser resolvida.

Todavia, a análise meritória dos assuntos políticos trazidos à baila não significa dizer que o STF estava equiparando a noção de questões políticas com a de matéria política, como no começo de sua jurisprudência, e, muito menos, que a interpretação havia sido alargada para permitir que todas as decisões judiciais fossem fundamentadas por justificativas políticas, pois além da Suprema Corte ter feito coincidir os conceitos de questão e matéria política no passado, como parâmetro de autocontenção para não julgar casos políticos delicados, "a luz das características do sistema de controle padrão estadunidense"[76], o julgamento, como ato judicial, continua exigindo a racionalidade e a coerência com o sistema jurídico (e não político).

Vale lembrar que, diferentemente da Constituição Federal de 1934, cujo art. 68 vedava o Poder Judiciário de "conhecer de questões exclusivamente políticas"[77], a Constituição Federal de 1988 não traz nenhum dispositivo nesse mesmo sentido. Porém, nem tal circunstância autorizaria pressupor que os magistrados podem decidir todos os ca-

---

75 SANTOS, Boaventura de Sousa. Os perigos da desordem jurídica. Jornal Público, Portugal, 26 mar. 2016, p. 45. Disponível em: <http://www.boaventuradesousasantos.pt/media/Os%20perigos%20da%20desordem%20jur%C3%ADdica_26Mar%C3%A7o2016.pdf>. Acesso em: 08 ago. 2022.

76 RAMOS, Elival da Silva. Ativismo Judicial. Saraiva. E-book.

77 "Art. 68 - É vedado ao Poder Judiciário conhecer de questões exclusivamente políticas". BRASIL. Constituição (1934). Constituição da República Federativa do Brasil. Rio de Janeiro/RJ: Presidência da República. Disponível em: <http://www.planalto.gov.br/ccivil_03/constituicao/constituicao34.htm>. Acesso em: 08 ago. 2022.

sos com base no critério da conveniência e da oportunidade política, já que, na omissão eloquente, caberia ao juiz, desembargador e ministro respeitar à vontade e opção valorativa e principiológica do legislador constituinte para concretizar os comandos normativos existentes.

De toda sorte, como em relação à fundamentação consequencial jurídica, o fundamento consequencialista político também não é fácil de ser identificado na decisão, visto que os magistrados, geralmente, não mencionam nas sentenças e acórdãos se estão ou não se valendo do raciocínio consequencialista político, exigindo igual atenção do interessado ao discurso transcrito para capturar o momento em que o juiz, o desembargador ou o ministro estão tratando do que ocorreria politicamente se a decisão fosse proferida naquele ou em outro sentido.

Termos ou expressões como, por exemplo, solução econômica, dimensão política, políticas públicas, política social e econômica, bem-estar material, bem-estar individual e coletivo e dinâmica social e econômica podem indiciar a fundamentação consequencialista política, contanto que estejam associados à avaliação dos efeitos da decisão na realidade social, em virtude de atingir os atos de governar e/ou os negócios do governo, buscando não lesionar o interesse público. Tal situação aconteceu na ADI 5.625/DF que cuidou de averiguar se a Lei n. 13.352, de 27 de outubro de 2016, era ou não inconstitucional por ter instituído os contratos de parceria entre o trabalhador do ramo da beleza (cabeleireiro, barbeiro, esteticista, manicure, pedicure, depilador e maquiador) e o respectivo estabelecimento.

Nesses autos, o Ministro do STF Nunes Marques, redator do acórdão, ao cotejar a realidade econômica da época com os benefícios trazidos pela nova legislação, reconheceu que as novas espécies de relações de trabalho, dentre elas a da parceria celebrada entre o trabalhador do ramo da beleza e o estabelecimento, estavam surgindo naturalmente por conta da evolução dos tempos e da complexidade e rapidez das transformações sociais, motivo pelo qual, segundo ele, a Lei n. 13.352, de 27 de outubro de 2016, havia apenas alojado a solução econômica que a própria comunidade profissional tinha criado para aumentar a remuneração dos trabalhadores, ante a maior flexibilidade de horário, a possibilidade de trabalhar em mais de um lugar por dia (tendo em vista que podia marcar dia, hora e local para exercer sua profissão) e a ausência de limite de remuneração e controle hierárquico do empregador.

Mais do que isso, ao declarar o Ministro Nunes Marques que a valorização do trabalho não se concretizava apenas com o tradicional vínculo de emprego; que era necessário facultar ao trabalhador e ao empreendedor opções legítimas de regimes jurídicos adaptáveis às transformações sociais; e que a solução econômica, consubstanciada na legislação, pressupunha situação de igualdade contratual, com elevação do patamar dos trabalhadores de forma isonômica e paritária, restou evidente que a decisão judicial se pautou por fundamentos consequencialistas políticos que não prejudicassem o bem-estar geral do aumento remuneratório e da ampliação do patamar isonômico e paritário dos trabalhadores frente a realidade econômica vigente[78].

O normal, todavia, é que o magistrado não diga absolutamente nada se iniciou ou não a fundamentação consequencialista política, quando então será igualmente determinante para a identificá-la a percepção pelo interessado de que o juiz, o desembargador ou o ministro estão inferindo que a decisão judicial optou por aquele ou outro impacto político relacionado ao interesse público, de acordo com o contexto da realidade, para não lesar o interesse da coletividade. Exemplo de tal situação sobreveio na ADI 6.363/DF, em que se discutiu, antes do próprio mérito, se a decisão cautelar tomada pelo relator, Ministro Ricardo Lewandowski, devia ou não ser referendada, dentre outros, em relação à validação dos acordos individuais para reduzir jornada de trabalho e salário nos termos da Medida Provisória 936/2020.

78 BRASIL. Supremo Tribunal Federal. ADI 5.625. Relator: Ministro Edson Fachin. Redator para o acórdão: Ministro Nunes Marques - Tribunal Pleno. DJE, 23 mar. 2022. p. 57-59. Disponível em: <https://portal.stf.jus.br/processos/downloadPeca.asp?id=15350407676&ext=.pdf>. Acesso em: 10 ago. 2022.

Nesse processo, o Ministro Alexandre de Moraes, redator para o acórdão, após confrontar o inciso VI e XIII da CF com a realidade social do tempo pandêmico e os ditames dos arts. 1º, 3º e 6º da CF, proclamou a certo momento do voto não só que o Brasil já contava com 12,5 milhões de desempregados antes da pandemia, e chegaria a 25/30 milhões, gerando um conflito social colossal caso não houvesse um pacto entre empregados e empregadores, mas também que se a validação dependesse da concordância dos sindicatos e estes não anuíssem a avença individual, os empregadores teriam que complementar os salários e os empregados teriam que devolver o benefício que tinham recebido do Estado.

Na mesma senda, aludindo que a temporariedade e a excepcionalidade da medida objetivavam preservar o vínculo de emprego, a manutenção da atividade econômica nacional, o trabalho, a dignidade da pessoa humana e os valores sociais do trabalho e da livre iniciativa; que a finalidade da medida não foi promover a redução salarial em desacordo com a Constituição; e que eventual admissão da concordância dos sindicatos como condição resolutiva geraria insegurança jurídica e rompimento da boa-fé, ficou claro que a deliberação judicial optou pelo efeito político que não produzisse mais desemprego, fechamento de empresas, pagamento complementar de salários e devolução de benefícios assistenciais.

Por fim, mesmo que eventualmente uma decisão judicial possa conter fundamentação consequencial jurídica e política simultânea, isso não quer dizer que os ditames do *caput* e do § único art. 20 da LINDB, preconizando o dever de demonstrar a necessidade e adequação da sentença e do acórdão, de acordo com as consequências práticas da decisão, exigem que o magistrado enfrente em todas as decisões essas duas espécies de consequências. Isso porque a categorização das consequências varia conforme a natureza interna ou externa dos efeitos analisados e eventualmente a decisão pode produzir apenas impactos no sistema jurídico ou apenas na realidade social local em que é aplicada.

Ainda que assim não fosse, a regulamentação do art. 20 da LINDB deixou expressa a impossibilidade de que a fundamentação consequencialista fosse utilizada sob o prisma político, dado que o § 2º do art. 3º do Decreto n. 9.830[79], de 10 de junho de 2019, estabeleceu que o julgador devia apresentar a indicação das consequências práticas da decisão sob a ótica jurídica e fática (e não política), deixando claro, assim, a total desnecessidade de que houvesse fundamentação consequencial política nos julgados do STF.

1.3 O PSEUDOCONSEQUENCIALISMO

Sendo a análise consequencialista a avaliação das repercussões positivas e negativas que uma decisão judicial pode gerar, a qual permite a formação de argumentos que serão usados como uma razão a mais para fundamentar a adoção ou não da decisão a ser proferida, não se pode olvidar que a fundamentação consequencial mais adequada à realidade, integrante e constituidora do conteúdo normativo, será resultante das reflexões e da compreensão avaliativas do magistrado sobre o texto da norma em cotejo com a realidade social do lugar, do tempo em que o conflito ocorre e da história e da cultura vivenciadas pela sociedade.

A fundamentação consequencialista, por sua vez, será jurídica se a decisão judicial optar pela alternativa consequencial normativa que provoque menos impactos e sequelas sistêmicas no ordenamento jurídico, assim como política se a sentença ou acórdão escolher a opção consequencial pautada em questões políticas que cause menos prejuízos ao bem-estar geral que se buscava promover.

Ocorre que o fato da fundamentação consequencialista envolver um ato de escolha volitiva pelo qual se penetra na realidade de nossa sociedade complexa, para depois se optar por uma decisão judicial cujo resultado seja mais adequado às novas situações da vida social, possibilita

79 BRASIL. Decreto n. 9.830, de 10 de junho de 2019. Regulamenta o disposto nos art. 20 ao art. 30 do Decreto-Lei n. 4.657, de 04 de setembro de 1942, que institui a Lei de Introdução às Normas do Direito Brasileiro. Disponível em: <http://www.planalto.gov.br/ccivil_03/decreto-lei/del4657compilado.htm>. Acesso em: 13 jun. 2022.

que eventualmente o fundamento seja invocado equivocadamente como justificativa teórica de veracidade ou falsidade para aceitar ou não a alegada repercussão da decisão (quando o correto seria contra ou a favor, já que o argumento por consequência não é baseado em provas), assim como seja usado inadequadamente sem diferenciar os efeitos práticos fáticos da decisão judicial das próprias justificações valorativas (causando confusão) ou, ainda, utilizado inexatamente ao recorrer às consequências relacionadas com um contexto completamente distinto[80].

Na verdade, ainda que nem todos os magistrados se enveredem por esse caminho tortuoso, o caso é que a conclusão judicial tomada

80 Texto original: "The fallacious mode of argument is defined as argument for accepting the truth (or falsity) of a proposition by citing the consequences of accepting that proposition (or not accepting it). The nonfallacious mode of argument is argument against (or for) some course of action, policy, etc., on the basis of undesirable (or desirable) consequences. [...]. The second hypothesis has been expressed in (Van Eemeren and Grooten dorst, 1992, p. 162). The fallacious form involves a confusion between propositions that express facts and propositions that express values: 'It is not permissible to test an assertion (descriptive proposition) by pointing out the undesirable effects of the assertion (evaluative proposition), because facts and values are then confused' (p. 162). The nonfallacious form involves an 'inciting' proposition that recommends a course of action: 'in of the case a suggested course of action, for instance, it is justifiable to examine the possible consequences' (p. 162). The distinction appealed to is that between the use of a proposition to describe facts (descriptive function) and the use of a proposition to express values, and in particular to recommend a course of action (expressive function). [...]. The third hypothesis has been expressed in (Walton, 1996, chapter 6). The fallacious form involves a shift from one context of use of the argument to another. Argument from consequences is both common and appropriate when used in a type of dialogue called deliberation to argue for against a proposed course of action. But if the dialogue is supposed to be that of a critical discussion, or other type of dialogue in which a thesis is to be proved true or false, use of argument from consequences (arguing that the thesis is true or false because accepting or rejecting it has good or bad consequences) is not relevant. The reason why such an argument may appear to be relevant is because of the dialectical shift". WALTON, Douglas. Historical Origins of Argumentum ad Consequentiam. Winnipeg, Manitoba/Canada: Department of Philosophy, University of Winnipeg, 1999; Netherlands: Kluwer Academic Publishers, 1999. p. 259. Disponível em: <https://www.researchgate.net/publication/226791162_Historical_Origins_of_Argumentum_ad_Consequentia>. Acesso em: 08 ago. 2022.

apressadamente com base em uma única consequência, adotada como verossímil ou falsa teoricamente, sem qualquer apreciação valorativa sobre seus efeitos práticos, bem como a partir de assertivas fáticas sem quaisquer análises avaliativas prognósticas ou, ainda, baseadas em natureza consequencial associada a contexto diverso (consequência política querendo justificar decisões jurídicas), transfiguram um consequencialismo dissimulado, falacioso ou distorcido.

Trata-se, pois, de mero pseudoconsequencialismo, na medida em que a normatividade (o conteúdo) do texto normativo e, por conseguinte, a solução normativa do caso concreto, acaba não resultando da análise das consequências que uma decisão poderia gerar na realidade, mas sim da manipulação da inferência intelectual pelo "juiz Hércules"[81],

81 Ost François classifica o modelo de atuação judicial em três espécies de juízes. O juiz "Júpiter", segundo ele, típico do Estado Liberal Clássico, é o que se limita a reproduzir a vontade do legislador. O juiz "Hércules", nascido com o Estado Social de Direito, é o ativista excessivo que, buscando realizar a justiça social, conforme seu entendimento, ignora a segurança jurídica e as normas jurídicas, criando a lei do caso concreto. O Juiz "Hermes", presente na conjuntura do Estado Democrático de Direito, é o que preserva e aplica as garantias constitucionais como pacto social mediador para solucionar os conflitos de interesses. Texto original: "Tomemos el modelo de la pirámide o del código. Lo llamaremos el Derecho jupiterino. Siempre proferido desde arriba, de algún Sinaí, este Derecho adopta la forma de ley. Se expresa en el imperativo y da preferencia a la naturaleza de lo prohibido. Intenta inscribirse en un depósito sagrado, tablas de la ley o códigos y constituciones modernas. De esse foco supremo de juridicidad emana el resto del Derecho en forma de decisiones particulares. Se dibuja una pirámide, impresionante monumento que atrae irresistiblemente la mirada hacia arriba, hacia esse punto focal de donde irradia toda justicia. [...]. A decir verdad, la pretensión de coherencia lógica se somete más a menudo a la búsqueda del resultado práctico (la apuesta de la intervención de Hércules era, sobre todo, proponer a regulación más judicial de los intereses rivales) que asegurar la aplicación más correcta de la ley. No es la lógica la que servirá de auxiliar al jurista, sino la economía, la contabilidad, la balística, la medicina y la psiquiatría. Por último, habíamos asociado a la codificación una temporalidad voluntarista y continuista marcada por la pretensión de dominar el futuro de la ley, de asegurar el progreso del orden normativo. El dossier, em cambio, implica un tiempo discontinuo, hecho de irrupciones jurídicas esporádicas y desechables después del uso. [...]. Si la montaña o la pirámide convenían a la majestad de Júpiter, y el embudo al pragmatismo de Hércules, en cambio, la trayec-

o qual, influenciado por suas convicções políticas e/ou visões pessoais de mundo e justiça, vale-se de estratégia dissimulada consequencialista para subverter o conteúdo do texto normativo e redefinir institutos e normas jurídicas para alcançar o resultado por ele desejado.

No pseudoconsequencialismo, ao invés do juiz, desembargador ou ministro produzirem decisões judiciais que, nos casos fáceis, estariam expressamente autorizadas pela lei e, nos casos difíceis, resultariam da averiguação das consequências passíveis de serem provocadas pela decisão, considerando inclusive valores ou fins públicos consagrados em normas principiológicas, os magistrados se afastam do direito posto, passando a atuar como políticos e a decidir para promover o bem comum, principalmente em época de graves crises políticas e emergenciais, como no casos de guerra e pandemia.

Rompe-se com a ideia do Poder Judiciário como o local em que ocorre a "razão pública"[82], pois, em vez da decisão judicial refletir os valores políticos essencialmente fundamentais que a Constituição adota, afastando-se de dogmas ideológicos e de interesses grupais momentaneamente hegemônicos, tem-se uma sentença e um acórdão cuja operação intelectual

---

toria que dibuja Hermes adopta la forma de una red. No tanto un polo ni dos, ni incluso la superposición de los dos, sino una multitud de puntos en interrelación. Un campo jurídico que se analiza como una combinación infinita de poderes, tan pronto separados como confundidos, a menudo intercambiables; una multiplicación de los actores, una diversificación de los roles, una inversión de las réplicas. Tal circulación de significados e informaciones no se deja ya contener en un código o en un dossier; se expresa bajo la forma de un banco de datos. El Derecho posmoderno, o Derecho de Hermes, es una estructura de red que se traduce en infinitas informaciones disponibles instantáneamente y, al mismo tiempo, dificilmente matizables, tal como puede serlo un banco de datos". OST, François. Júpiter, Hércules, Hermes: tres modelos de juez. Revista sobre Enseñanza del Derecho. Ano 4, n. 8, 2007, p. 102, 104 e 113. Disponível em: <http://www.derecho.uba.ar/publicaciones/rev_academia/revistas/08/jupiter-hercules-hermes-tres-modelos-de-juez.pdf>. Acesso em: 08 ago. 2022.

82 BARROSO, Luís Roberto. Curso de direito constitucional contemporâneo: os conceitos fundamentais e a construção do novo modelo. 7. ed. São Paulo: Saraiva Educação, 2018. p. 98-99.

ignora regras, valores e princípios constitucionais e/ou textos expressos de lei para atingir as consequências práticas almejadas pelo magistrado.

Ao fim e ao cabo, o pseudoconsequencialismo, também chamado de fundamentação consequencialista falaciosa ou distorcida, é uma justificação ilícita dolosa (e não culposa) levada a efeito pelo magistrado Hércules, em virtude da decisão judicial não decorrer da avaliação da consequência mais adequada à realidade social do lugar, ao tempo em que o conflito ocorreu e à história e à cultura vivenciadas pela sociedade, bem como sequer tratar de direitos que as pessoas teriam segundo o sistema constitucional, mas proceder da intenção do juiz de promover o bem-estar geral[83].

Mesmo não havendo na doutrina uma tipificação das espécies de pseudoconsequencialismo, a classificação de falácias feita por Manuela Atienza ajuda a categorizar os tipos de fundamentação consequencialista falaciosa, uma vez que os critérios utilizados permitem identificar se o mau fundamento estaria inserido na questão formal, material ou até mesmo no próprio comportamento de quem fundamenta. Assim, o pseudoconsequencialismo pode ser formal, material ou pragmático[84].

No primeiro tipo, a fundamentação consequencialista é falaciosa por questão formal lógica, em virtude do operador do direito tomar uma única consequência como verossímil ou falsa, nos termos de uma teoria, e razão para aceitar ou não a alegada repercussão da decisão, sem realizar qualquer avaliação de consequências práticas (que permitam a formação de um argumento), indo contra a lógica indutiva do contra ou a favor de consequências não comprovadas. No segundo tipo, o pseudoconsequencialismo é distorcido por questão material, haja vista a circunstância do magistrado se valer de discursos ambíguos ou com falsas analogias, sem diferenciar os efeitos práticos fáticos da decisão judicial das próprias justificações valorativas (causando confusão). No terceiro tipo, o pseudoconsequencialismo é falacioso porque os próprios magistrados deliberadamente invocam efeitos associados a contextos diversos

83 DWORKIN, Ronald. Uma questão de princípio. São Paulo: Martins Fontes, 2001.

84 ATIENZA, 2017.

(fundamento consequencial político querendo justificar decisões jurídicas) como forma de ocultar o seu verdadeiro intento.

Na mesma linha de raciocínio, Luis Fernando Schuartz não tipifica várias espécies de pseudoconsequencialismo. No entanto, sua classificação do consequencialismo, baseada na análise de fatos (e não apenas em decisões judiciais ou artigos acadêmicos) capaz de indicar atitudes ou posicionamentos que orientam a estratégia argumentativa da fundamentação judicial das decisões, autorizam igualmente a identificar os fundamentos consequencialistas falaciosos, na medida em que os critérios utilizados buscaram servir de oposição de resistência às decisões alternativas fixadas de acordo com a preferência dos magistrado. Logo, sinalizando o autor que se trataria de argumentação aparentemente ilícita, o pseudoconsequencialismo pode ser igualmente festivo, militante ou malandro[85].

No pseudoconsequencialismo festivo, a utilização de técnicas jurídicas para a solução de problemas, usadas na prática por juristas e ensinadas na faculdade, são desdenhadas, vez que os magistrados consideram que não há diferença entre a aplicação do direito e a formulação de políticas públicas, de tal sorte que a solução deve corresponder à análise econômica do direito. No pseudoconsequencialismo militante, a autoridade julgadora milita pelo respeito à Constituição, valendo-se de modelos interpretativos tradicionais, mas buscando adaptações às necessidades consequenciais da atualidade que não podem ser comprovadas pelo magistrado e tampouco negadas pelos interessados, sendo campo fértil para parcialidade e arbitrariedade. Já no pseudoconsequencialismo malandro, usa-se a dogmática jurídica para desconstruí-la, redefinindo institutos e normas jurídicas, de modo a configurá-la nos termos que a decisão buscada precisa.

---

85 SCHUARTZ, Luis Fernando. Consequencialismo jurídico, racionalidade decisória e malandragem. Revista de Direito Administrativo, 2008. Disponível em: <https://bibliotecadigital.fgv.br/dspace/bitstream/handle/10438/27041/41531-86603-1-PB.pdf>. Acesso em: 08 ago. 2022.

Com efeito, a intenção não é trazer todas as categorias exaustivamente. A ideia é permitir que, por meio de alguns conceitos, os interessados possam identificar a fundamentação pseudoconsequencialista, não só para avaliar se o magistrado estaria atuando dentro dos limites do direito, mas, sobretudo, se a ruptura do presente em nome do futuro estaria sendo levada a efeito segundo os valores e princípios constitucionais ou segundo as convicções políticas e/ou visões pessoais de mundo e justiça da autoridade judiciária.

Nesse diapasão, considerando que o pseudoconsequencialismo, independentemente de sua categorização, encontra-se oculto, é indispensável a extrema atenção do interessado ao discurso transcrito para fisgar o momento em que o juiz, o desembargador ou o ministro estão se valendo de fundamentação falaciosa ou distorcida. Pseudoconsequencialismo que, comumente, será transparecido por um raciocínio lógico que apresentará apenas uma consequência ou uma única solução como verdadeira ou falsa, pautada em teorias, sem análise prática prognóstica dos efeitos de tal decisão; ou discursos confusos e analogias falsas que compararão um possível fato consequencial oriundo da decisão com um pensamento valorativo (e não consequências da sentença ou acórdão confrontadas com outras consequências); ou raciocínios que afastariam a utilização das técnicas para a solução de problemas jurídicos, usando a formulação de políticas públicas como se fosse igual à aplicação do direito; ou, ainda, discursos que usariam a ponderação de princípios para redefinir institutos e normas jurídicas, a fim de configurar a dogmática jurídica para atingir a conclusão buscada.

Tais situações descritas exemplificativamente não precisam estar necessariamente todas juntas para que o pseudoconsequencialismo se faça presente, bastando uma delas para evidenciar o intuito oculto de manipular a fundamentação para decidir, ao fim, segundo os efeitos que se quer atingir, sobretudo se o discurso racional estiver vinculado a uma época de crise política e emergencial.

O pseudoconsequencialismo pode ser constatado na ADC 58/DF que verificou a constitucionalidade ou não da utilização da TR para atualização dos créditos trabalhistas, nos termos do art. 879, § 7º, e RT. 899, § 4º, todos da CLT, como fixado pela Reforma Trabalhista, e do IPCA-E, como sedimentado pela jurisprudência do TST.

Nesses autos, o relator, Ministro Gilmar Mendes, declarou que o panorama de correção dos débitos trabalhistas piorava consideravelmente no curso da pandemia do Coronavírus, em virtude da diminuição da circulação de capital e da retração econômica, e que o modo de pensar mudava em função da evolução do quadro econômico e histórico[86], sinalizando a estratégia de invocar a crise pandêmica e econômica como uma das razões de decidir, para promover o bem-estar geral, segundo suas convicções políticas e/ou visões pessoais de mundo e justiça, e garantir a "menor eficácia aceitável" das decisões de natureza trabalhista diante da escassez de lastro econômico.

Vê-se que, apesar do Ministro relator haver afirmado que não queria defender posições econômicas ou escolhas políticas, o voto fixou primeiramente pressupostos sobre a política de correção monetária e juros, sob o fundamento de que, dentre as normas protecionistas e monopolistas de intervenção do Estado no domínio econômico, trazidas pela Constituição Federal de 1988, algumas normas constitucionais originárias, em matéria econômica, tinham sido alteradas de acordo com a nova política econômica, para depois afirmar que a dívida trabalhista judicializada, dentro dos parâmetros de correção monetária fixados pelo TST, tinha assumido contornos extremamente vantajosos[87]. Isso confirmou não só a utilização do fundamento consequencial político para justificar a decisão judicial tomada, como também demonstrou que a fundamenta-

86 BRASIL, 2021, p. 73 e 80.

87 BRASIL, 2021, p. 29-30 e 73.

ção estava sendo utilizada para flexibilizar o direito à restituição integral, redefinindo o conteúdo do texto do *caput* do art. 944 do Código Civil[88].

É interessante perceber que o voto até traz a comparação de três contas matemáticas com índices diversos, porém sem avaliar em qualquer momento que o crédito do trabalhador possuía natureza alimentar; que a quantia já devia ter sido paga a tempo e modo como contraprestação dos direitos vilipendiados; e que a pandemia também fazia parte do risco do negócio. Essa tática transpareceu igualmente o uso da fundamentação consequencialista falaciosa, tendo em vista que a comparação das três contas matemáticas, conquanto tenha sido utilizada para dar o ar de que a formalidade havia sido cumprida, não confrontou as consequências que uma decisão poderia gerar, mas um fato consequencial com pensamentos valorativos.

Considerando, por fim, que o Ministro relator, muito embora tenha reconhecido que se curvava ao entendimento da maioria quanto à inconstitucionalidade da TR, mencionou que tinha dificuldades para afastar índices de atualização, elaborados com critérios econômicos, inclusive porque tinha vivenciado no plano profissional, dentre outros, a formulação e implantação de planos econômicos[89], fez-se presente a fundamentação pseudoconsequencialista, uma vez que, ao final das contas, se está a usar uma régua de natureza econômica para nivelar pessoas em situações distintas, tanto antes, durante e depois da pandemia, por meio de uma sentença judicial.

Eventual alegação de que o inciso IV do art. 1º da CF[90] sedimenta os valores sociais do trabalho e da livre iniciativa econômica, por si só, não afastaria a presença do fundamento pseudoconsequencialista, vez que as eventuais consequências da decisão em relação ao mundo do

88 BRASIL. Lei n. 10.406, de 10 de janeiro de 2002. Institui o Código Civil. Disponível em: <https://www.planalto.gov.br/ccivil_03/LEIS/2002/L10406compilada.htm>. Acesso em: 08 ago. 2022.

89 Id., 2021, p. 44 e 57.

90 Id., 1988.

trabalho (envolvendo o trabalhador e seus direitos) não foram sopesadas com as possíveis consequências concernentes em relação à atividade econômica, dificultando a compatibilização dos interesses particulares e coletivos e a adoção de uma perspectiva pública que tornasse efetivos os direitos de todos.

1.4 CASOS QUE ADMITEM A FUNDAMENTAÇÃO CONSEQUENCIALISTA JURÍDICA

Como visto, o consequencialismo jurídico surge como um fundamento a incrementar o discurso judicial para que as decisões façam sentido no mundo real e também no contexto do sistema jurídico (depois da avaliação das repercussões que a sentença ou acórdão pudessem gerar), em virtude da produção legislativa não acompanhar a velocidade e complexidade das transformações sociais, bem como pelo fato dos textos normativos passarem a usar linguagem de sentindo incerto, com cláusulas abertas, conceitos indeterminados e princípios.

A dificuldade de seguir de perto as rápidas, múltiplas e profundas modificações da sociedade e a indefinição da linguagem normativa diminuiu o encanto de muitos estudiosos pelo processo lógico-formal de subsunção (dedução), sem, contudo, que a vertente da fundamentação consequencialista jurídica tenha proposto o abandono do texto normativo ou a flexibilização dos imperativos legais para que o magistrado pudesse julgar além ou contra a previsão positivada, com o fim de adaptar o direito às necessidades reais e às transformações históricas.

É bem verdade que Richard Allen Posner chegou a apontar que o juiz, desembargador e ministro deviam ignorar ou corrigir normas vigentes e até a jurisprudência, ao adotar como critério decisório a satisfação das necessidades do momento em que a decisão estava sendo proferida e uma acepção de justiça material, na medida em que afirmou que o magistrado devia escolher a decisão guiando-se pelo objetivo de produzir o melhor resultado e fazer mais que consultar "casos estatutos, regulamentos, constituições, convenções, tratados jurídicos e outros materiais jurídicos ortodoxos"[91].

Todavia, além de Posner defender o pragmatismo jurídico e não o consequencialismo jurídico propriamente dito, vale lembrar que as vertentes consequencialistas do utilitarismo e do pragmatismo jurídico não foram abrangidas pela nova concepção concretista do direito, pois como já mencionado neste estudo, a avaliação das consequências jurídicas não despreza a norma confeccionada pela sociedade, não almeja promover o bem-estar de todos e tampouco deve ser usada como instrumento de alcançar fins sociais.

Por outro lado, considerando que a fundamentação consequencialista jurídica está alicerçada na ponderação das repercussões hipotéticas que uma decisão pode produzir e não em cálculos de probabilidade, bem como a possibilidade de que eventual magistrado utilize a estratégia dissimulada pseudoconsequencialista, influenciado por suas convicções políticas e/ou visões pessoais de mundo e justiça, para manipular o resultado da decisão, torna-se pertinente saber quando é que a fundamentação consequencialista jurídica deve ser usada como uma das razões de decidir. Em outras palavras, trata-se de demarcar se o fundamento consequencial jurídico deve ser levado a feito em todos os casos ou somente nos casos difíceis, inclusive para sinalizar a correção ou não do raciocínio lógico consequencialista.

Nesse sentido, observa-se que, muito embora Wróblewski e Feteris tenham tomado como pressuposto o respeito ao direito posto, os catedráticos não vincularam expressamente a fundamentação consequencialista jurídica a casos difíceis como fez indiretamente MacCormick ao tipificá-los. Feteris, aliás, chegou a afirmar que a fundamentação consequencial precisava ser utilizada unicamente quando o juiz fosse confrontado com variadas possibilidades de intepretação, sugestionando

91 POSNER, Richard A. Pragmatic Adjudication. Cardozo Law Review, n. 18, 1996, p. 8. Disponível em: <https://chicagounbound.uchicago.edu/cgi/viewcontent.cgi?article=2818&context=journal_articles>. Acesso em: 08 ago. 2022.

que o fundamento consequencialista devia ocorrer em tal circunstância, sem, porém, sistematizar como a avaliação devia acontecer.

Daí a importância e influência da tipificação feita por MacCormick, pois, além de assentar que a fundamentação consequencialista jurídica devia ser utilizada caso houvesse problemas de pertinência, prova ou classificação e interpretação que impedissem a solução do conflito de interesse pelo silogismo dedutivo, o catedrático esquematizou a fundamentação consequencial em duas fases, quais sejam, a justificação de primeiro nível (justificação por dedução) e a justificação de segundo nível (justificação de escolhas)[92].

Donald Neil MacCormick reconhece e atesta não só que os casos fáceis eram exatamente aqueles resolvidos a partir do raciocínio dedutivo (a regra), mas também que os casos difíceis estavam relacionados com impasses no elemento normativo e no elemento fático[93]. Segundo ele, em relação à premissa normativa, a celeuma decorria da intepretação divergente quanto à norma ou dispositivo incontroverso a ser aplicado, assim como da dúvida sobre a existência de norma aplicável e, em existindo norma, qual seria aplicável (problema de pertinência). Já quanto à premissa fática, a dificuldade era em relação à prova, em virtude de haver dúvida se um fato teria ou não ocorrido, bem como em relação à qualificação de um evento, no diapasão de saber se tal fato teria sido abarcado pela descrição fática ou pela consequência jurídica de uma determinada norma.

Portanto, atentando-se para a sequência sistematizada de MacCormick, a fundamentação consequencialista só devia ser utilizada se o processo lógico-formal de subsunção (justificação por dedução) fosse insatisfatório para solucionar o caso ou quando houvesse alguma dificuldade de pertinência, prova ou classificação e interpretação. Isso porque uma regra válida e aplicável não poderia ser ignorada, sob pena da decisão ser *contra legem*, exigindo, por conseguinte, que a justificação de

92 MACCORMICK, 2009, p. 83 e 129.

93 LORENZETTI, 2011, p. 158.

segundo nível (justificação de escolhas) somente fosse levada a efeito se a solução jurídica necessariamente não fosse enquadrada nas hipóteses normativas, estatutos, precedentes e princípios jurídicos desenvolvidos "por meio de reflexão sobre o direito como norma prática coerente"[94].

Como a fundamentação consequencialista não seria considerada aceitável e adequada se estivesse em contradição com uma norma válida e obrigatória do sistema jurídico, por mais que fosse desejável, o fundamento consequencial, mesmo pertinente ante o não enquadramento nas normas, estatutos, precedentes e princípios jurídicos, exigiria uma justificação coesa (sem contradições legais) para que fosse considerado adequado, admissível e aceitável. Exigir-se-ia, ainda, em nome da validade e correção, que houvesse coerência, ou seja, compatibilidade da consequência escolhida como uma das *ractio decidendi* da decisão judicial com princípios e valores adotados pelo ordenamento jurídico, visto que daí sim a premissa normativa observaria o requisito da universalidade (e não grau de generalidade da norma), possibilitando que em caso semelhante fosse decidido com o mesmo critério de equidade.

No entanto, não obstante a importância da sistematização feita por MacCormick dos *hard cases*, as questões propriamente processuais, as indagações sobre a validade e as demandas que decorrem da aplicação de "uma regra de fim ou princípio" não foram abarcadas pelo estudioso, apesar de apontarem casos difíceis, motivo pelo qual a complementação feita por Manuel Atienza ganha relevância.

94 However, incorporation of consequences in judicial reasoning cannot ignore a crucial rule applicable to legal argumentation in general: that the legal answer "always has to be capable of being framed in terms of the law, through interpretation of statues or of precedents, or of legal principles developed through reflection on law as practically coherent normative order" (MacCormick, 2005, p. 101). In this vein, a primary requirement of legal reasoning is to show that the ruling "does not contradict validly established rules of law". A second requirement is to show that the decision is supported by established legal principles. When both requirements are not sufficient or conclusive in favour of a single ruling, then consistency and coherence need to be complemented by the argument about consequences (MacCormick, 2005, p. 104)". CARBONELL, 2011, p. 81-104. Tradução livre.

Segundo Atienza, caso haja interpretação divergente quanto à norma ou dispositivo processual incontroverso a ser aplicado, assim como dúvida sobre a existência de norma processual aplicável e, em existindo norma processual, qual é a aplicável, bem como se existir indagação sobre a validade de uma norma, em princípio aplicável ao fato, por conta de aparente desrespeito ou não de critérios contidos em normas constitucionais (desrespeito ao conteúdo da norma constitucional); se surgirem dúvidas relativas à interpretação de normas de fim (as que estabelecem que um sujeito tem a obrigação de alcançar um fim, dadas determinadas circunstâncias, como, por exemplo, do juiz precisar proferir decisão mais favorável ao menor ou ao trabalhador); e se a dificuldade for de saber se a ponderação de princípios feita pelos legisladores ou pela administração está aceitável ou se não observou determinados limites, em todos teremos casos difíceis[95].

De qualquer forma, ainda que o fundamento consequencialista jurídico esteja consubstanciado em um argumento decorrente da avaliação dos efeitos de uma decisão, em cotejo com a realidade social, a norma jurídica e os valores e princípios abarcados pelo ordenamento, para garantir a coesão e coerência com o sistema jurídico vigente, não se deve entender que a decisão judicial orientada por padrões principiológicos obrigaria os juízes a decidirem sempre em determinado sentido. Afinal, além da fundamentação consequencial jurídica não estar vinculada somente aos princípios constitucionais, como aventado por Dworkin em relação aos casos difíceis[96], mas a valores igualmente adotados pelo ordenamento jurídico e outros limites constitucionalmente impostos pelo legislador constituinte, a escolha da solução judicial consequencial do caso concreto dependerá também do confronto entre eventual norma válida vigente com os fatos trazidos à baila e a realidade social dos envolvidos.

95 ATIENZA, 2017.

96 Segundo Dworkin (2005, p. 36), "Denomino princípio um padrão que deve ser observado, não porque vá promover ou assegurar uma situação, política ou social considerada desejável, mas porque é uma exigência de justiça ou equidade ou alguma outra dimensão da moralidade".

Aliás, é justamente por não se ignorar os valores adotados pelo ordenamento jurídico, inclusive os incrustrados em princípios, que o consequencialismo jurídico também será aplicável aos casos difíceis decorrentes de lacuna ontológica (em que há norma jurídica vigente e formalmente válida, porém, em desuso e sem aplicação prática, ou seja, sem eficácia) e de lacuna axiológica (na qual há norma jurídica vigente e formalmente válida, porém, cuja aplicação se mostra injusta ou insatisfatória, diante dos valores presentes em princípios e outras normas do ordenamento jurídico), sem, contudo, que haja qualquer decisão *contra legem*. Afinal, além da justificação de primeiro nível (justificação por dedução) pressupor a validade normativa como efeito simultâneo da presença da vigência ("obrigatoriedade formal dos preceitos jurídicos"), da eficácia (efetiva correspondência dos comportamentos sociais ao seu conteúdo) e da coerência com os valores do Estado Democrático de Direito ("valores capazes de legitimar a experiência jurídica numa sociedade de homens livres"[97]), e não apenas a mera validade formal, a dúvida sobre a aplicação ou não de legislação existente, em virtude de eventual contradição com princípios e valores constitucionais ou outros regramentos do ordenamento jurídico, atraí, por si, a justificação de escolhas para fundamentar a adaptação do direito à realidade posta.

A utilização da fundamentação consequencialista jurídica também não abarca a tese de Hart no diapasão de que, caso não houvesse uma lei que impusesse uma solução considerada correta, o magistrado devia criá-la de acordo com suas próprias convicções e valores. A uma, porque, como ocorre com Dworkin, Hart não tratou da fundamentação consequencialista e sequer estabeleceu quais seriam os casos difíceis. A duas, porque, como já mencionado, a decisão judicial somente deve se valer da justificação consequencial se a situação não for enquadrada nas hipóteses normativas, estatutos, precedentes e princípios jurídicos desenvolvidos, inexistindo, assim,

97 REALE, Miguel. Lições preliminares de direito. 19. ed. rev. São Paulo: Saraiva, 1991. p. 116.

a liberdade discricionária defendida por Hart[98]. A três, porque não resulta da escolha de alternativas de criações interpretativas, mas de justificativas usadas pelo juiz, pelo desembargador ou pelo ministro para esclarecer os motivos pelos quais a decisão, tomada num determinado sentido e não em outro, tinha sido a melhor opção de alternativa consequencialista para provocar menos impactos e sequelas sistêmicas no ordenamento jurídico.

Ao fim e ao cabo, pode-se dizer, com base em MacCormick e Atienza, que a fundamentação consequencialista jurídica somente será utiliza nos *hard cases*, assim identificados os que não admitirem justificação por dedução (justificação de primeiro nível, incluindo a análise de estatutos, precedentes e princípios jurídicos), quando então será usada a justificação de escolhas (justificação de segundo nível), nos casos de problemas de pertinência (dúvida quanto à existência de lei aplicável ao caso ou quanto à legislação existente que deve ser aplicada), prova ou classificação, questões propriamente processuais, indagações sobre a validade e as demandas que decorrem da aplicação de "uma regra de fim ou princípio".

Nesse viés, desde que seguida a sistematização de MacCormick e Atienza e, sobretudo, que a decisão abarque uma escolha cuja alternativa consequencial seja coesa (sem contradições legais), assim como coerente/compatível com princípios e valores adotados pelo ordenamento jurídico, concretizando o requisito da universalidade (e não

98 Texto original: "No obstante, habrá casos en que el Derecho vigente no imponga ninguna decisión considerada como la correcta, y para fallarlos el juez deberá ejercer sus facultades de crear el Derecho. Pero no debe hacerlo arbitrariamente, esto es, siempre debe tener razones generales que justifiquen su decisión y actuar como lo haría un legislador responsable, decidiendo de acuerdo con sus própias convicciones y valores. Si cumple con estos requisitos, podrá fallar aplicando criterios o fundamentos no impuestos por el Derecho, los que podrán ser distintos de los que aplican otros jueces que tienen que decidir casos difíciles similares". HART, Herbert Lionel Adolphus. Post scriptum (el concepto de derecho). Traducido de H. L. A. Hart, The Concept of Law. 2. ed. 1994. con permiso de Oxford University Press. Estudios Públicos, n. 65 (1997). Disponível em: <https://www.cepchile.cl/cep/site/docs/20160303/20160303183634/rev65_hart.pdf>. Acesso em: 08 ago. 2022. p. 261.

grau de generalidade da norma), a decisão e, por decorrência, a consequência, serão adequadas, admissíveis e aceitáveis na medida em que a norma, como objeto da ciência jurídica (e não natural), não admite demonstração de verdadeiro ou fácil (correto ou não, como se houvesse apenas uma resposta correta), mas apenas aceitável e não aceitável[99].

Como exemplo de *hard case*, pode-se citar a ADPF 387/PI[100], movida pelo Governador do Estado de Piauí, em que asseverou que as decisões da Justiça do Trabalho do Piauí, determinando o bloqueio e penhora de valores oriundos da conta única do Estado para pagamento de verbas trabalhistas de terceirizados atentava contar a autonomia dos Poderes e contra o sistema federativo.

No presente caso, o voto do relator, Ministro Gilmar Mendes, evidencia claramente tratar de caso difícil, vez que a decisão do Tribunal Regional do Trabalho da 22ª Região não havia sido dirigida ao Estado propriamente dito, mas à EMGERPI, sociedade de economia mista equiparada às empresas de natureza privada quanto aos direitos e obrigações trabalhistas e, portanto, não sujeita ao regime de precatório, enquanto a Administração Pública apontava a violação da execução orçamentária (art. 167, VI, CF), assim como da independência e da harmonia entre os poderes (art. 2º da CF)[101].

O relator, ao analisar os efeitos da decisão tomada pelo TRT da 22ª Região em relação à coesão da escolha levada a efeito, deixou claro não só que os princípios do sistema financeiro e orçamentário eram instrumentos indispensáveis para a harmonia constitucional, como declarou

99 GRAU, 2021, p. 65.

100 BRASIL. Supremo Tribunal Federal. ADPF 387. Relator Ministro Gilmar Mendes. DJe, 27 de out. 2017. Disponível em: <https://portal.stf.jus.br/processos/downloadPeca.asp?id=313112445&ext=.pdf>. Acesso em: 22 fev. 2022.

101 Art. 2º da CF: "São Poderes da União, independentes e harmônicos entre si, o Legislativo, o Executivo e o Judiciário. [...]. Inciso IV do art. 167 da CF: "São vedados: [...]. VI - a transposição, o remanejamento ou a transferência de recursos de uma categoria de programação para outra ou de um órgão para outro, sem prévia autorização legislativa; [...]" (BRASIL, 1988).

que o respeito ao seu conteúdo era indispensável para que a Administração Pública tivesse condições de concretizar valores relevantes do Estado Democrático de Direito, de maneira que o bloqueio, como feito, maculava a racionalidade dos pagamentos das obrigações do Estado oriundos das sentenças judiciais, a continuidade da prestação de serviços públicos e, por conseguinte, a efetivação dos direitos fundamentais.

O Ministro Gilmar Mendes ainda alertou que a decisão desrespeitava as duas únicas hipóteses restritivas do regime de precatórios, já que não se tratava de violação à ordem cronológica de pagamento de precatórios ou de não alocação no orçamento da entidade de dotação destinada ao pagamento da dívida, tendo em vista que os valores, apesar do ente ser integrante da administração indireta, precisava cumprir sim os ditames do precatório.

Assim, a ação acabou sendo julgada procedente para cassar as decisões judiciais de primeiro e segundo graus proferidas pelo TRT da 22ª Região, em virtude de as decisões terem inobservado os dispositivos constitucionais vigentes e terem sido firmadas em teses não coerentes com a sistemática do ordenamento jurídico constitucional, haja vista ter se imiscuído na direção do Estado.

1.5 OS LIMITES À FUNDAMENTAÇÃO CONSEQUENCIALISTA JURÍDICA (E SUAS TRANSGRESSÕES) E O ATIVISMO JUDICIAL CONSTITUCIONAL

Com feito, a sistematização de MacCormick e Atienza contribuiu para nortear o magistrado em relação aos casos que possibilitam ou não a fundamentação consequencialista jurídica, de tal sorte que a metodização da utilização do fundamento consequencial jurídico aos incidentes que não admitem justificação por dedução (justificação de primeiro nível, incluindo a análise de estatutos, precedentes e princípios jurídicos), quando então deve ser usada a justificação de escolhas (justificação de segundo nível), nos casos de problemas de pertinência, prova ou classificação, questões propriamente processuais, indagações sobre a validade e demandas que decorrem da aplicação de uma regra de fim ou princípio, por si só, revelou haver restrição quanto a extensão da fundamentação consequencialista jurídica.

Entretanto, muito embora a justificação consequencial jurídica nasça como mais um fundamento a acrescer o discurso judicial para que as decisões façam sentido no mundo real e também no contexto do sistema jurídico, após a verificação e comparação das alternativas opostas das possíveis repercussões que a sentença ou acórdão podem produzir, a mera obediência à sistematização de MacCormick e Atienza não significa dizer que juízes, desembargadores e ministros poderiam decidir os casos difíceis conforme o seu livre arbítrio ou com base em "critérios de oportunidade política", tendo em vista os limites normativos constitucionais que impõem restrições quanto a profundidade que a justificação por consequência deve observar, de maneira a preservar a precisão das decisões assentadas no conteúdo sistêmico do direito.

Como não se trata de um método de intepretação, mas de um fundamento que aumenta a complexidade da decisão por compatibilizar a avaliação da realidade com o texto normativo, a justificação das razões pelas quais as alternativas de consequências não autorizam solução diferente mostram que a fundamentação consequencial jurídica só pode ocorrer no campo do possível, ou seja, dentro do que é aceitável racionalmente pelo Estado Democrático de Direito. Isso porque o Estado Democrático de Direito é o limite e, por conseguinte, o pressuposto constitucional a ser observado na concretização do direito por meio da fundamentação consequencialista, inclusive em relação "às valorações, convicções ou ponderações"[102], utilizadas para justificar a decisão do caso concreto.

Logo, o campo do possível não admite qualquer ilação com o Princípio da Reserva do Possível, ou seja, com a ideia de que as restrições de ordem econômica podem afetar a vasta concretização dos direitos sociais, fazendo com que a sua satisfação dependa da presença de condições

102 MÜLLER, 2009, p. 87.

materiais, sobretudo econômicas, que permitam seu atendimento[103]. Afinal, considerando que a maioria dos direitos sociais fundamentais laborais preconizados pelo art. 7º da CF, como, por exemplo, o FGTS (inciso III), o salário mínimo (inciso IV), a irredutibilidade do salário (inciso VI), o 13º salário (inciso VIII), a remuneração do trabalho noturno superior à do diurno (inciso IX), a participação nos lucros ou resultados (inciso XI), a duração do trabalho normal não superior a oito horas diárias e quarenta e quatro semanais (inciso XIII), a jornada de seis horas para o trabalho realizado em turnos ininterruptos de revezamento, salvo negociação coletiva (inciso XIV), o repouso semanal remunerado, preferencialmente aos

103 A problemática em torno do Princípio da Reserva do Possível é bem explicitada pelo professor Sérgio de Oliveira Netto quando diz: "Deveras, a questão atinente à efetividade dos chamados direitos sociais (dentre os quais se incluem o direito à saúde e à prestação de atendimento médico a quem deles necessitar, de se ter uma adequada infraestrutura rodoviária, ou mesmo referentes à tranquilidade de espírito decorrente de um acurado sistema de segurança pública) é um dos temas que mais tem gerado discussões e controvérsias nos embates judiciais que versam sobre esta matéria. Posto que, por mais que uma norma jurídica tenha sido inserida no próprio Texto Constitucional, ela somente poderá alcançar sua real efetividade se estiverem presentes as condições fáticas e jurídicas capazes de lhe conferir esta eficácia. Pois, caso contrário, na ausência deste contexto favorável e imprescindível à sua realização, por mais nobre que fosse o escopo do mandamento legal, ninguém poderá ser compelido a cumprir suas diretrizes. Porque, como já insinuava o milenar brocardo jurídico, *ad impossibilita nemo tenetur* (ninguém é obrigado a coisas impossíveis). E, por mais que a invocação desta argumentação possa ser considerada – se for objeto de uma análise superficial e menos detida – insensível, cruel ou desumana, face o compromisso que a Pátria Brasileira assumiu (cunhado na Carta Magna) de bem tratar seus nacionais e mesmo estrangeiros que aqui estiverem (Welfare State – Estado do Bem-Estar Social), é um princípio de curial importância para a preservação do bem e dos interesses maiores da sociedade, representando pela coletividade como um todo. A teoria do alcunhado princípio da reserva do possível, é cediço, tem como berço as decisões proferidas pela Corte Constitucional Federal da Alemanha. Pelas quais se sustentou que as limitações de ordem econômica podem comprometer sobremaneira a plena implementação dos ditos direitos sociais. Ficando a satisfação destes direitos, assim, na pendência da existência de condições materiais – especialmente econômicas – que permitam sua atendibilidade". OLIVEIRA NETTO, Sérgio de. O princípio da reserva do possível e a eficácia das decisões judiciais. Disponível em: <https://www.mp.go.gov.br/portalweb/hp/2/docs/saude51-principio_da_reserva.pdf>. Acesso em: 02 jun. 2022.

domingos (inciso XV), a remuneração do serviço extraordinário superior, em cinquenta por cento à do normal (inciso XVI), o gozo de férias anuais remunerada, com pelo menos um terço a mais do que o salário normal (inciso XVII), e o aviso prévio proporcional ao tempo de serviço (inciso XXI)[104], dentre outros, não dependem das condições financeiras e econômicas do Estado, mas do respeito do empregador aos ditames constitucionais e legais, não haveria falar na incidência do Princípio da Reserva do Possível.

Na verdade, o consequencialismo jurídico do campo do possível, decorrente da observância do Estado Democrático de Direito, garante uma decisão judicial racional, pautada na máxima probabilidade possível de validação do resultado, não só por ser feita em conexão com o texto constitucional e com a realidade (e não partindo do vazio), mas também porque a Constituição vigente é tomada como o limite extremo a ser considerado quando da avaliação das consequências para garantir a inviolabilidade do ordenamento constitucional e, por corolário, da segurança jurídica.

Limite extremo, porém, que não exclui eventual decisão judicial que porventura não resulte do próprio texto literal da constituição, seja porque os *hard cases* englobam, dentre outros, as demandas que decorrem da aplicação de princípios, os quais possuem baixa densidade normativa, ante a ausência de parâmetros claros e específicos (exigindo ponderação), seja porque o impacto escolhido para justificar a solução do caso concreto não pode estar em nítida contradição com os conteúdos constitucionais possíveis, seja porque o limite intransponível não tem origem com a normatividade (no conteúdo) concretizada, conforme os dados da realidade, mas no próprio dispositivo constitucional[105].

---

104 BRASIL, 1988.

105 Texto original: "Al buscar uma decisión aceptable para resolver dichos conflictos, el juez tiene un límite infranqueable: la disposición o la norma jurídica. Pero los límites impuestos por ésta no son siempre precisos o claros. Esta norma puede contemplarse 1) como un texto autónomo, 2) como elemento del ordenamiento o 3) como la plasmación normativa de ciertos objetivos sociales". BENGOETXEA, Joxerramon. Una defensa del consecuencialismo en el derecho. Universidad del

André Ramos Tavares, ao tratar da limitabilidade ou relatividade dos direitos fundamentais, chega a afirmar que a constituição, por meios de seus princípios, é efetivamente o limite a ser observado, vez que os princípios constitucionais trazem consigo a eficácia irradiante, ou seja, a linha mestra de compreensão de todas as normas do sistema jurídico. Princípios que manifestam "valores basilares da ordem pública"[106], adotados pelo ordenamento jurídico constitucional, e conferem sentido às demais normas, inclusive à norma do caso concreto, justificando o reconhecimento dos direitos fundamentais como uma ordem de princípios objetivos.

Direitos fundamentais que, por constituírem um conjunto de direitos e garantias que não podem ser desrespeitados, ignorados e abandonados pelo Estado e pelo particular, instituem prerrogativas protetivas aos cidadãos ao mesmo tempo em que servem de limites e restrições à atuação do Poder Público, até mesmo ao Judiciário, e, por isso, em relação à justificação por consequências, exercendo, inclusive, função contramajoritária, na medida em que garante a existência de um posicionamento jurídico assegurando contra a decisão política da maioria. Limite esse que abarca os próprios direitos fundamentais, já que no Estado Democrático de Direito, em caso de conflito de dois deles, um não pode prevalecer mediante a extinção do outro[107].

Por outro lado, os limites constitucionais a serem observados na fundamentação consequencialista jurídica não maculam a função de governo da Suprema Corte. Isso ocorre porque, por exemplo, quando o STF estabelece quais são as ações permitidas e as exigidas do Estado em relação aos direitos fundamentais, assim como as condições que devem

País Vasco, Donostia. Vol. II, n. 2, dez. 1993, p. 31-68. Disponível em: <https://pt.scribd.com/doc/244518434/Bengoetxea-Una-defensa-del-consecuencialismo--en-el-Derecho-pdf>. Acesso em: 24 maio 2022. p. 35-36.

106 TAVARES, André Ramos. Fronteiras da hermenêutica constitucional. São Paulo: Editora Método, 2006. p. 105.

107 GUIMARÃES, Ricardo Pereira de Freitas. Princípio da Proporcionalidade no Direito do Trabalho. Teoria e Prática. São Paulo: Thomson Reuters Brasil, 2019. E-book.

ser executadas pelo Poder Público para proteger/garantir a efetividade de tais direitos, está apenas cumprindo uma função ligada aos seus fins primários de direção do Estado (e não discricionariedade para fins de política pública). Da mesma maneira, isso acontece quando o STF é chamado para exercer função arbitral, de modo a estabelecer a competência dos outros poderes; quando preserva e respeita a diversidade, as minorias, o pluralismo e as oposições; quando exerce o controle da constitucionalidade das leis, nulificando as leis e medidas provisórias; e quando exerce função interpretativa, imprimindo elementos ideológicos e posições políticas[108].

Nesses casos, a Suprema Corte, no que concerne às limitações constitucionais, atua no âmbito político funcional governativo, implicando certa discricionariedade, mas não poder para dirigir o Estado em prol do bem comum, mesmo a complexidade do Estado Democrático de Direito impedindo que a separação dos poderes fosse tomada como algo rígido. Trata-se, logo, de uma função jurídica governativa de vertente política que não se confunde com a função legislativa, cuja discricionariedade fundada em razões de interesse público se transmuda em função de índole política, apontando um conteúdo legislativo[109].

O que os limites constitucionais não admitem é que o STF utilize de um fundamento político para incrementar o discurso judicial para que as decisões ampliem os poderes de ingerência dos magistrados no campo político para dirigir o Estado e as políticas legislativas, de maneira que participem da elaboração e/ou concretização de políticas públicas, segundo suas convicções políticas e/ou visões pessoais de mundo e justiça, prejudicando exatamente o bem-estar geral que se buscava promover.

Há, assim, limites constitucionais que não podem ser transpassados, motivo pelo qual juízes, desembargadores e ministros devem se

108 TAVARES, Ramos André. Justiça Constitucional e duas fundamentais funções. Revista de Informação Legislativa. Brasília: v. 43, n. 171, jul./set. 2006. p 41-43. Disponível em: <https://www2.senado.leg.br/bdsf/bitstream/handle/id/95317/Tavares%20Andr%C3%A9.pdf?sequence=1&isAllowed=y>. Acesso em: 08 ago. 2022.

109 MAGALHÃES, Andréa. Jurisprudência da crise: uma perspectiva pragmática. Rio de Janeiro: Lumen Juris, 2017. p. 116.

ater apenas as suas funções de governo constitucionalmente previstas, bem como respeitar o campo de atuação dos demais poderes, em relação às funções de governo que lhes cabe constitucionalmente, ficando proibidos de atuar de ofício para implementar políticas públicas de direção do Estado e políticas legislativas.

Outros estudiosos (como, por exemplo, Ricardo Luiz Lorenzetti, Eros Roberto Grau e Lenio Luiz Streck) também adotam a tese de que a Constituição é o limite dos limites. Contudo, o acolhimento de tal enunciado em termos concretistas não é tão tranquilo, tanto que, enquanto para Lorenzetti[110] e Grau[111] a Constituição estabelece o limite extremo para fins concretistas e, por esse motivo, ao fundamento consequencialista jurídico, para Streck[112] a concretização estruturante e, por conseguinte, a fundamentação consequencial jurídica, é um guarda-chuva que não se coaduna com a democracia, em virtude do ato de escolher caber somente ao Executivo e não ao Judiciário.

No final das contas, o que se percebe é que há divergência entre os doutrinadores quanto à aceitação ou não da existência da discricionariedade judicial para escolher a solução jurídica que cause menos impacto na realidade social, em virtude de alguns estudiosos compreenderem que tal liberdade fomentaria o ativismo judicial, desnaturando a atividade do Poder Judiciário em detrimento dos outros Poderes.

Nesse sentido, conquanto o presente trabalho não tenha por escopo estudar o ativismo judicial, é indelével que tal fenômeno jurídico repercute nos fundamentos consequencialistas, uma vez que ocorre ativismo judicial todas as vezes que a função jurisdicional é exercida para além dos

110 LORENZETTI, 2010, p. 327 e 330.

111 GRAU, 2021, p. 91.

112 STRECK, Lenio Luiz. Os limites semânticos e sua importância na e para a democracia. Revista da AJURIS, v. 41, n. 135, set. 2014. p. 174-175. Disponível em: <http://ajuris.kinghost.net/OJS2/index.php/REVAJURIS/article/viewFile/333/268>. Acesso em: 08 ago. 2020.

limites impostos pelo ordenamento vigente[113], ou seja, sem a observância dos valores basilares da ordem pública do Estado Democrático de Direito.

Assim, sem qualquer objetivo de aprofundar o debate, é interessante observar a diferença de argumentos usados para justificar a inexistência de discricionariedade, pois, enquanto para Dworkin não haveria discricionariedade e, muito menos, incentivo ao ativismo judicial, em virtude dos magistrados não decidirem livremente, mas vinculados à Constituição, às leis e aos precedentes pelo fato do texto normativo não ser um pressuposto acabado a ser atendido, mas um limite ao trabalho concretista da norma da decisão para o qual contava também a vontade do julgador, para Eros Roberto Grau não haveria falar em discricionariedade judicial, não só porque o magistrado está atado ao texto normativo, mas também porque somente se podia fazer juízo de constitucionalidade e legalidade e não juízos de oportunidade (de escolha).

Vale lembrar, ainda, que, em oposição a Dworkin, para quem os princípios do ordenamento conferiam integridade e coerência ao ordenamento, tornando inadmissível mais de uma decisão judicial válida para o caso e, por conseguinte, a discricionariedade judicial, bem como impossível a utilização da ponderação pela ausência de conflito entre os princípios, Alexy entendia haver discricionariedade pela baixa densidade normativa dos princípios que admitiam a abertura do sistema jurídico, possibilitando que mais de uma solução judicial fosse tida como válida pela ponderação dos princípios.

Já para Lenio Luiz Streck, Miguel Reale, Loiane Carlos Rodrigues do Amaral, João Vicente Mendonça, Dimitri Dimoulis e Antonio Carlos Rodrigues do Amaral, por exemplo, a discricionariedade é irrefutável. Todavia, ao passo que para Streck a discricionariedade e o ativismo devem ser evitados e combatidos pelo respeito à Constituição e à legislação democraticamente constituídas, tendo em vista que, segundo ele, somente observando os programas normativos se evitaria o subjetivismo, atendendo ao comando democrático de que na democracia

113 RAMOS, 2010.

as escolhas são feitas pelo Executivo e não pelo Judiciário, para Miguel Reale o juiz é livre dentro da lei para, em razão dos fatos e dos fins que originam o processo normativo, completar a norma de acordo com o sentido de todo o ordenamento[114].

Na mesma linha de raciocínio, ao mesmo tempo que para Verbicaro a discricionariedade judicial deve reconhecer os limites institucionais do Estado Democrático de Direito, atentando-se para os "parâmetros, regras e procedimentos"[115] que almejam a racionalidade e objetividade possível da prática decisória, bem como para Mendonça o exercício da discricionariedade deve estar com os olhos fitados nos impactos da decisão[116], para Dimoulis a discricionariedade consequencialista é usada pelo aplicador do direito quando os mandamentos do ordenamento não o agradavam, quando, então, buscam mudar a saída jurídica para atingir os efeitos considerados adequados[117], assim como para Amaral o afastamento do juiz, do desembargador ou ministro das regras escritas, criando-as segundo seu arbítrio, tornaria as normas emanadas de um "ditador de toga"[118].

De toda sorte, ainda que os posicionamentos doutrinários sejam diferentes quanto a discricionariedade, não se pode olvidar que o Direito, não sendo uma ciência natural, dificilmente terá uma única e correta resposta para todos os casos, quer porque as condições variam de um litígio para o outro; quer porque o cotejo do texto normativo com a diversidade de realidades sociais, em diferentes locais e épocas,

---

114 REALE, Miguel. Filosofia do direito. 19. ed. São Paulo; Saraiva, 1999. p. 439. Disponível em: <https://direitoufma2010.files.wordpress.com/2010/05/miguel-reale--filosofia-do-direito.pdf>. Acesso em: 08 ago. 2002.

115 VERBICARO, 2019, p. 117.

116 MENDONÇA, José Vicente. Direito constitucional econômico: a intervenção do estado na economia à luz da razão pública e do pragmatismo. Belo Horizonte: Fórum, 2010.

117 DIMOULIS, 2022.

118 AMARAL, 2019, p. 183.

revelam consequências distintas de um tempo para outro e de um lugar para outro; quer porque cada magistrado é uma pessoa humana diversa com sentimentos e história de vida diferentes, cuja subjetividade pode sim implicar em decisão judicial em que a escolha consequencial seja diferente da opção consequencialista dada por outra autoridade judicial (mas sem arbitrariedade, já que concretizada segundo a LINDB).

Dessa forma, não se trata de substituir a arbitrariedade subjetiva pela discricionariedade consequencialista, até porque a fundamentação consequencial não é um salvo-conduto para o magistrado fazer o que quer, quando quer e como quer ou quando o sistema admite. Cuida-se de permitir que os ditames da fundamentação consequencialista prevista da LINDB sejam cumpridos de maneira objetiva e racional, de modo que o juiz, o desembargador e o ministro observem as limitações constitucionais caso venham a se valer de fundamentos consequencialistas. Mais do que isso, trata-se de reconhecer a presença de "autocontenção funcional do juiz constitucional" que deverá preservar os "limites extremos"[119] delimitados pelo Direito Constitucional, bem como que o ativismo vai ocorrer quando a função jurisdicional for exercida para mais dos limites impostos pelo ordenamento vigente, isto é, sem considerar os valores basilares da ordem pública do Estado.

Portanto, conquanto alguns doutrinadores não admitam a discricionariedade por não vislumbrarem a função governamental típica do Judiciário, o ativismo judicial sinaliza, no que concerne ao estudo desse trabalho, para o pseudoconsequencialismo, vez que a autoridade judicial se vale de argumentos falaciosos ou distorcidos para, ao fim e ao cabo, formular políticas públicas como se estivesse aplicando o direito, sendo a ADC 58/DF, como já verificado, um bom exemplo disso.

---

119 HERANI, Renato Gugliano. O poder judicial de constitucionalidade – entre o ativismo e a contenção. Revista Brasileira de Estudos Constitucionais – RBEC. Belo Horizonte, ano 7, n. 27, p. 631-648, set./dez. 2013. p. 643.

1.6 IMPOSSIBILIDADE DE COMBINAÇÃO ENTRE FUNDAMENTOS CONSEQUENCIALISTAS JURÍDICOS E POLÍTICOS

Como observado, o fundamento consequencialista jurídico somente é aceitável para incrementar o discurso judicial dos *hard cases* se a justificação judicial não estiver em contradição com uma norma válida e obrigatória do sistema jurídico (coesão racional), assim como se houver compatibilidade da consequência escolhida como uma das *ractio decidendi* da decisão com princípios e valores adotados pelo ordenamento jurídico (coerência racional sistêmica).

Trata-se de espécie de fundamentação judicial que, dentre outros, não se coaduna com o mero pseudoconsequencialismo, ou seja, com a manipulação da inferência intelectual pelo juiz Hércules, o qual, influenciado por suas convicções políticas e/ou visões pessoais de mundo e justiça, afasta o direito posto, passando a atuar como político e a decidir para promover o bem comum, principalmente em época de graves crises políticas e emergenciais, como nos casos de guerra e pandemia.

Todavia, em que pese tais premissas possam afastar de pronto qualquer aproximação dos fundamentos jurídicos dos políticos, Dimitri Dimoulis defende que argumentos jurídicos e políticos podem ser aplicados combinadamente, desde que a tese do pragmatismo jurídico-político seja adotada pelo órgão judicante. Segundo sua tese, o magistrado deve seguir a "determinação primária", isto é, os dispositivos normativos em vigor, em virtude de as normas válidas serem os únicos critérios que permitem analisar objetivamente as propostas interpretativas dos magistrados, bem como compreender que os demais fatores que concebem as "determinações secundárias"[120], ou seja, as razões políticas, morais e pessoais, só podem se imiscuir na conduta interpretativa se o dispositivo normativo permitir.

Segundo ele, qualquer coisa diferente disso geraria interpretação abusiva, pois estar-se-ia outorgando natureza jurídica a um elemento

120 DIMOULIS, 2022, p. 197-199.

extrajurídico, não só porque o legislador, como representante político dos cidadãos, é quem criava normas para serem utilizadas como critérios imutáveis da decisão (pouco importando o que quis o legislador de verdade com a norma), mas também porque a objetividade da solução do caso seria resguardada pela interpretação literal e sistemática, ou melhor, pela fidelidade ao direito posto pelas autoridades competentes (e não por aquilo que o magistrado e a sociedade consideravam adequado).

Eventual ausência de solução concreta no texto normativo, como nos casos de normas de baixa densidade (como os princípios, por exemplo), não seria um buraco ou vão, mas autorização legislativa para o exercício do poder discricionário, a fim de identificar a vontade do legislador como estampada na norma. Discricionariedade, porém, moderada, na medida em que a interpretação não seria efetuada se restasse clara a vontade do legislador, já que, caso contrário, se houvesse inexatidão sobre o conteúdo normativo, o magistrado não deveria prosseguir com a concretização pela impossibilidade de fazer afirmações sem previsão normativa.

Com efeito, muito embora Dimoulis não tenha tratado diretamente da fundamentação consequencialista (mas se limitado a dizer que o consequencialismo era uma espécie de intepretação subjetivista, fundada em opiniões do intérprete), não se pode olvidar, como já explanado em outro momento, que o fundamento consequencialista jurídico não resulta da escolha entre as alternativas de interpretação sobre o mesmo texto normativo ou vários textos do mesmo diploma e de outros diplomas que integram o ordenamento, mas de justificativas usadas pela autoridade judicial para esclarecer os motivos pelos quais a decisão, tomada num determinado sentido e não em outro, tinha sido a melhor opção de alternativa consequencialista para provocar menos impactos e sequelas sistêmicas no ordenamento jurídico.

Além do consequencialismo ser fundamento da decisão e não mera interpretação, a identificação da tese como pragmatismo jurídico-político, por si só, gera aparente contrassenso, uma vez que, sendo o pragmatismo jurídico uma espécie de consequencialismo que parte da premissa de que o direito é um instrumento que deve ser usado para se alcançar fins sociais, pressupondo um julgamento de acordo com as necessidades humanas e sociais, não haveria falar em não concretização de texto normativo de baixa densidade, em caso de não se identificar a vontade do legislador no texto normativo e, muito menos, em mera interpretação literal.

Ademais, não bastasse a circunstância do art. 140 do CPC proibir que o magistrado deixe de decidir por conta de "lacunas ou obscuridade do ordenamento jurídico"[121], o cotejo do art. 5º e do *caput* e § único do art. 20, todos da LINDB[122], com o art. 3º e seus parágrafos do Decreto n. 9.830, de 10 de junho de 2019 (que regulamenta a LINDB)[123], não só evidenciou a preconização legislativa da necessidade e da adequação como requisitos a serem demonstrados pela fundamentação judicial, como sinalizou que os conceitos de adequação, exigibilidade e proporcionalidade em sentido estrito, explicitados pela doutrina como subprincípios do princípio da proporcionalidade, tinham sido incorporados pelo ordenamento jurídico, demonstrando que a concretização devia sim ocorrer sob os auspícios das consequências práticas da decisão.

Tais dispositivos confirmam que não se trata de silêncio eloquente ou de escolha feita pelo legislador. Na verdade, evidenciam a dificuldade de se normatizar todas as situações possíveis e inimagináveis, ante a velocidade e complexidade das modificações sociais, motivo pelo qual o próprio ordenamento autorizou expressamente que a decisão baseada em valores jurídicos abstratos (dentre eles, os princípios) fosse levada a efeito, desde que averiguados os impactos da decisão judicial, inclusive sob o olhar do princípio da proporcionalidade. Aliás, autorização contida no

121 BRASIL, 2015.

122 Id., 1942.

123 BRASIL. Decreto n. 9.830, de 10 de junho de 2019. Regulamenta o disposto nos art. 20 ao art. 30 do Decreto-Lei n. 4.657, de 04 de setembro de 1942, que institui a Lei de Introdução às Normas do Direito Brasileiro. Disponível em: <http://www.planalto.gov.br/ccivil_03/decreto-lei/del4657compilado.htm>. Acesso em: 13 jun. 2022.

art. 20 da LINDB, cuja regulamentação deixou expressa a impossibilidade de que o consequencialismo fosse invocado sob o prisma político, vez que o § 2º do art. 3º do Decreto n. 9.830, de 10 de junho de 2019, estabeleceu que o julgador devia apresentar a indicação das consequências práticas da decisão sob a ótica jurídica e fática (e não política).

Decorrendo, pois, a possibilidade de se valer do princípio da proporcionalidade do plexo normativo do art. 5º e do *caput* e § único do art. 20, todos da LINDB, com o art. 3º e seus parágrafos do Decreto n. 9.830, caso haja eventual conflito entre princípios constitucionais, ter-se-á que respeitar e fazer prevalecer, em determinada situação, um princípio ao outro, sem, contudo, que isso macule a essência ou núcleo principal do outro princípio. Mais do que isso, deverá o magistrado se atentar para que a escolha dos efeitos da decisão seja adequada para atingir o resultado a ser produzido (adequação); para que a opção recaia sobre o impacto menos agressivo à realidade social, dentre os existentes (exigibilidade); e para que a seleção da consequência decorra da análise do custo-benefício da providência almejada, de maneira que as vantagens dos efeitos da escolha superem as desvantagens[124].

Portanto, ainda que o princípio da proporcionalidade seja tomado como o princípio dos princípios, trazendo apenas critérios e luzes para celeumas entre princípios, a ideia de que a baixa densidade normativa destes, por si só, impediria a concretização da normatividade do texto normativo pelo exercício do poder discricionário nos casos difíceis, não deve prosperar, já que o próprio ordenamento jurídico determina e espera que em tais situações a autoridade judicial use de tais fundamentos consequencialistas jurídicos após o confronto das normas com a realidade social, valores e princípios vigentes do sistema jurídico.

De outro lado, em se tratando do fenômeno da judicialização da política, quando a questão material da lide ou a natureza jurídica do assunto a ser decidido envolver necessariamente uma questão política, haverá sim maior aproximação entre os argumentos jurídicos e

124 GUIMARÃES, 2019.

os políticos, na medida em que, conquanto a decisão exija um discurso racional jurídico, a franca ampliação dos poderes de ingerência dos magistrados no campo político decorrerá da própria natureza do conflito que terá o assunto político sendo processado pelo jurídico. No entanto, como visto, não existirá fundamentação consequencialista, pois não será um fundamento político usado para incrementar a argumentação judicial, e sequer pragmatismo jurídico-político, ante as explicações já delineadas neste capítulo.

Por fim, vale lembrar que a função de governo exercida pela Suprema Corte também não pode ser invocada para justificar a aproximação da fundamentação consequencial jurídica da fundamentação consequencial política. Primeiro, porque, sendo a função governativa do Judiciário ligada aos fins primários e diretivos do Estado, evidente que a maior parte das direções estão na Constituição, motivo pelo qual não haveria confundir com função política. A duas, porque estando a função política conectada à discricionariedade da escolha da política pública para fins de promover o bem comum, não existiria sinonímia e, muito menos, aproximação entre as duas funções, tendo em vista que a função de governo tem campo muito mais restrito que a função política. A três, porque, como já mencionado, o ato de estabelecer as ações permitidas e as exigidas do Estado em relação aos direitos fundamentais; de fixar as condições que devem ser executadas pelo Poder Público para proteger/garantir a efetividade de tais direitos; estabelecer a competência dos outros poderes, atendendo pedido para exercer função arbitral; de preservar e respeitar a diversidade, as minorias, o pluralismo e as oposições; de controlar a constitucionalidade das leis, nulificando as leis e medidas provisórias; e de exercer a função interpretativa, imprimindo elementos ideológicos e posições políticas, todos transfiguram o cumprimento dos fins primários de direção do Estado (e não discricionariedade para fins de política pública).

1.7 OS IMPACTOS PROCESSUAIS DO FUNDAMENTO CONSEQUENCIALISTA JURÍDICO NO ATO DE DECIDIR

Constituindo-se em mais um elemento que se agrega à decisão judicial, o fundamento consequencialista jurídico se compatibiliza com o Estado Democrático de Direito quando a autoridade judicial, diante de casos difíceis (ou seja, daqueles que não admitem justificação por dedução e exigem uma justificação de escolhas por envolverem problemas de pertinência, prova ou classificação, questões propriamente processuais, indagações sobre a validade e demandas que decorrem da aplicação de uma regra de fim ou princípio), promove a escolha consequencial da decisão judicial com coesão, isto é, sem qualquer contradição com outras normas vigentes, e com observância dos princípios e valores adotados pelo ordenamento jurídico, mantendo a coerência racional do sistema jurídico.

A ausência de manipulação da fundamentação por pseudoconsequencialismos é indispensável, ainda que para alguns haja possibilidade de que o fundamento consequencialista jurídico possa ser utilizado conjuntamente com o fundamento consequencial político.

De todo modo, considerando que a fundamentação consequencialista é um instrumento de concretização da norma dos *hard cases* que, apesar de não desconsiderar as normas existentes, guarda certo grau de discricionariedade, inclusive por ser um ato de vontade, é evidente o impacto processual do fundamento consequencialista jurídico no ato de decidir, pois, além da coisa julgada corresponder ao conteúdo que o julgador entender como direito aplicável, os ditames dos incisos II e IV do § 1º do art. 489 do CPC, combinados com o *caput* e o § único do art. 20 da LINDB e o § 2º do art. 3º do Decreto n. 9.830, exigirão do magistrado fundamentação exauriente em relação aos motivos pelos quais uma decisão judicial abarcou uma consequência e não outra.

Sem dúvida, o presente trabalho não tem por fim estudar a coisa julgada gerada pelos fundamentos consequencialistas e sequer esgotar o tema das repercussões processuais causadas pela fundamentação consequencialista jurídica. Todavia, não se pode desconsiderar que se a decisão consequencialista transitar em julgado, será ela a norma do caso concreto, pouco importando se a opção levada a efeito para justificar o decidido se pautou na melhor ou pior adequação à realidade da sociedade ou ao ordenamento jurídico ou, ainda, se estava pautada em pseudoconsequencialismos.

Nesse sentido, tomando como premissa que o princípio da motivação das decisões judiciais e administrativas contém uma implicação substancial e não meramente formal[125], é indispensável que a autoridade judicial exteriorize em suas manifestações, sem economia, as razões pelas quais a decisão abarcou tal linha de fundamentação consequencial e não abrangeu tais efeitos, para não só garantir tratamento igual aos litigantes, de modo que tanto o beneficiário como o não vencedor da demanda saibam o que motivou o resultado da decisão, mas possibilite a ampla defesa e o contraditório recursal por parte dos que se sentiram prejudicados.

É por isso que o fundamento consequencialista jurídico somente será considerado integralmente compatibilizado com o Estado Democrático de Direito se o magistrado, diante dos *hard cases*, proferir uma decisão que, além de adequada e coesa às normas vigentes, assim como atenta e coerente aos princípios e valores adotados pelo ordenamento jurídico, esgote todos os porquês que justificaram a prolação da decisão em determinado sentido, ante o rol de consequências possíveis, uma vez que, dessa forma, reduzir-se-á a subjetividade e superficialidade das decisões, mediante a explicitação da avaliação efetiva das alternativas que a decisão pode produzir inclusive sob o prisma do princípio da proporcionalidade (caso haja dois ou mais princípios em conflito).

Com efeito, o desequilíbrio entre a quantidade de ações tramitando e a quantidade de juízes atuando contribuiu muito para fosse sedimentada a tese de que o magistrado não estava obrigado a responder todas as

---

125 NERY JUNIOR, Nelson. Princípios do processo na Constituição Federal. 10. ed. ver., atual. e ampl. com as novas súmulas do STF e com análise sobre a relativização da coisa julgada. São Paulo: Editora Revista dos Tribunais, 2010.

questões suscitadas pelas partes, até como forma de garantir a sobrevivência dos magistrados. Todavia, mesmo não havendo espaço suficiente para adentrar em questão politicamente espinhosa, o preço de tal opção (com grandes quantidades de sentenças e pouca qualidade) não pode ser pago pela sociedade, incluindo advogados, sobretudo quando o magistrado se vale de fundamentação consequencialista para pôr fim ao litígio.

Justamente pela quantidade de decisões fundamentadas superficialmente em princípios de baixa densidade, como corolário do neoconstitucionalismo, que a LINDB foi alterada para impor aos juízes, desembargadores e ministros o dever de não se valerem de princípios de maneira unicamente abstrata, mas avaliando suas consequências práticas e a viabilidade ou não de cada alternativa possível. Circunstâncias motivadoras da alteração legislativa que foram consignadas até mesmo no voto do relator da Comissão de Constituição e Justiça e de Cidadania da Câmara dos Deputados, Deputado Paulo Abi-Ackel, quando da análise do então Projeto de Lei n. 7.448, de 2017 (que deu origem a Lei n. 13.655, de 25 de abril de 2018), a fim de que os magistrados proferiram decisões "razoáveis e proporcionais, de forma que os danos delas decorrentes sejam de extensão e intensidade adequadas ao caso concreto"[126].

126 BRASIL. Câmara dos Deputados (Comissão de Constituição e Justiça e de Cidadania). Voto do relator sobre o Projeto de Lei n. 7.448, de 2017. Relator: Deputado Paulo Abi-Ackel. Publicado em 15 set. 2017. Disponível em: <https://www.camara.leg.br/proposicoesWeb/prop_mostrarintegra;jsessionid=node01u3nchizpf65b1abo0fqneg2i94114665.node0?codteor=1598338&filename=Tramitacao-PRL+1+CCJC+%3D%3E+PL+7448/2017>. Acesso em: 08 ago. 2022.

A situação merece mais atenção ainda quando se constata que o STF[127], o STJ[128] e TST[129] já sedimentaram entendimento de que, mesmo com o advento do Código de Processo Civil, o órgão julgador não está obrigado a rebater, um a um, todos os argumentos trazidos pelas partes, mas tão somente os argumentos deduzidos pelas partes que sejam capazes de infirmar a conclusão do magistrado, já que tal entendimento pode ser alargado para que a fundamentação consequencialista seja feita de modo superficial, até para ocultar pseudoconsequencialismos.

---

127 A decisão da 2ª Turma do STF nos Embargos de Declaração em Mandado de Segurança 37.064/SP, interposto por M. M. & Primo Comércio e Representações Eireli e Outros em face do CNJ, mostra bem o entendimento da Suprema Corte em relação aos ditames do art. 489, § 1º, do CPC, na medida em que explicita que a falta de fundamentação a que se refere o inciso IV do § 1° do art. 489 CPC/2015 diz respeito à hipótese de não enfrentamento dos argumentos deduzidos pela parte que, em tese, podem infirmar a conclusão adotada pelo julgador. BRASIL. STF. MS 37.064. Relator: Ministro Ricardo Lewandowski. Segunda Turma. DJE, 12 maio 2021. Disponível em: <https://redir.stf.jus.br/paginadorpub/paginador.jsp?docTP=TP&docID=755854412>. Acesso em: 10 ago. 2022.

128 A decisão da 2ª Turma do STJ no Agravo Interno no Agravo em Recurso especial 1.692.532/RJ, interposto por Renê de Oliveira Garcia Júnior em face da União, demonstra bem o entendimento do Superior Tribunal de Justiça, quanto aos ditames do aos ditames do art. 489, § 1º, do CPC, uma vez que o acordão afirma claramente que o julgador não precisa rebater, um a um, todos os argumentos trazidos pelas partes. BRASIL. STJ. AgInt no AResp 1.692.532. Relator: Ministro Herman Benjamin. Segunda Turma. DJE, 30 jun. 2022. Disponível em: <https://scon.stj.jus.br/SCON/GetInteiroTeorDoAcordao?num_registro=202000913400&dt_publicacao=30/06/2022>. Acesso em: 10 ago. 2022.

129 A decisão da 4ª Turma do TST no Agravo em Agravo de Instrumento em Recurso de Revista 21616-75.2017.5.04.0203, interposto por Claro S.A. em face de Lucia Ribeiro Cardoso, também evidencia o entendimento do TST em relação aos ditames do art. 489, § 1º, do CPC, vez que o acordão consigna que não há qualquer violação ao art. 489, § 1º, do CPC, em virtude do Tribunal Regional do Trabalho de origem ter avaliado a prova livremente, como relatado na decisão. BRASIL. STF. Ag-AIRR 21616-75.2017.5.04.0203. Relator: Ministro Alexandre Luiz Ramos. Quarta Turma. DJE, 24 ago. 2022. p. 4 do PDF. Disponível em: <https://jurisprudencia.tst.jus.br/#f2e250e835140f44f0f683780315cdef>. Acesso em: 10 ago. 2022

De toda sorte, para fins de fundamentação consequencialista jurídica, a decisão como o "acontecimento máximo do processo"[130] somente será clara e adequada se for exaustiva, ou seja, se além de observar os requisitos de profundidade já analisados em outro momento, obedecer o dever de justificar explicitamente todas, absolutamente todas, as razões que levaram o julgador a optar pelas implicações de uma determinada linha de raciocínio e não pelas demais alternativas (inferidas pelo magistrado e aduzidas pelas partes), garantindo a compatibilidade dos fundamentos consequencialistas jurídicos com o Estado Democrático de Direito e decisões cuja extensão e intensidade das eventuais lesões sejam apropriadas ao litígio.

Pensar diferente seria viabilizar uma oportunidade de o magistrado promover a institucionalização da política da exceção jurídica, segundo a qual o julgador Hércules, influenciado por suas convicções políticas e/ou visões pessoais de mundo e justiça, valer-se-ia de estratégia dissimulada consequencialista para subverter o conteúdo do texto normativo para controlar situações, pessoas e grupos tidos por ele ameaçadores, mantendo-os na invisibilidade[131]. Política que poderia abarcar a ideia dos direitos fundamentais sociais trabalhistas como meras diretrizes, sem quaisquer possibilidades de efetivo exercício, dado que, eventualmente, para esse tipo de magistrado, a democracia podia não ser compreendida como atribuição do mínimo de poder social, por meio do trabalho, para quem sequer possuía riqueza[132].

---

130 TEIXEIRA FILHO, Manoel Antônio. Comentários ao novo código de processo civil sob a perspectiva do processo do trabalho: (Lei n. 13.105, 16 de março de 2015). São Paulo: LTr, 2015. p. 646.

131 RÊGO, Carolina Noura de Moraes; ROSA, Gerson Faustino. A implicação do direito nas formas de vida e no jogo da legitimação jurídica: uma análise crítica na era da biopolítica. In: CARNIO, Henrique Garbellini (org.); CARVALHO FILHO, Nelson de (org.); RÊGO, Carolina Noura de Moraes (org.). Coragem e racionalidade jurídica: o jogo sem fim do direito. Rio de Janeiro: Lumen Juris, 2017.

132 DELGADO, Maurício Godinho. Capitalismo, trabalho e emprego: entre o paradigma da destruição e os caminhos de reconstrução. 3. ed. São Paulo: LTr, 2017.

2 FUNDAMENTOS CONSEQUENCIALISTAS NAS DECISÕES DO STF EM MATÉRIA TRABALHISTA

2.1 A RELAÇÃO DA FUNDAMENTAÇÃO CONSEQUENCIALISTA COM O CONFLITO TRABALHISTA

Como é cediço, o fundamento consequencialista jurídico se compatibiliza com o Estado Democrático de Direito quando o magistrado, diante dos *hard cases,* motiva a opção dos impactos da decisão judicial levada a efeito, sem qualquer contradição com outras normas vigentes (coesão), de acordo com os princípios e valores adotados pelo ordenamento jurídico (coerência), obedecendo o dever de justificar explicitamente todas as razões que o levaram a escolher pelas implicações de uma determinada linha de fundamentação consequencial e não pelas demais alternativas (inferidas pelo magistrado e aduzidas pelas partes).

É esse fundamento consequencialista jurídico, produzido de maneira conectada com o texto constitucional e com a realidade (e não partindo do vazio), que garante uma decisão judicial racional de máxima probabilidade possível de validação do resultado, em virtude da Constituição vigente do Estado Democrático de Direito ser tomada como o limite extremo a ser considerado, quando da avaliação das consequências e fundamentação da solução judicial, para garantir a inviolabilidade do ordenamento constitucional e, em decorrência, da segurança jurídica.

Fundamentação consequencial jurídica, portanto, que não ocorrerá em quaisquer litígios, mas somente em casos difíceis. Situações que, como os de problemas de pertinência, prova ou classificação, questões propriamente processuais, indagações sobre a validade e de demandas que decorrem da aplicação de uma regra de fim ou princípio, não serão resolvidas pela justificação por dedução, mas exigirão a justificação de escolhas.

Considerando, pois, que a fundamentação consequencial jurídica cairá também sobre os casos que envolvem textos normativos com baixa densidade normativa, dentre eles, os princípios, evidente que os direitos fundamentais assegurados constitucionalmente acabam se relacionando com o fundamento consequencialista, não porque são princípios, mas porque possuem igualmente um grau de densidade normativa que exige concretização estrutural normativa pautada por dados reais do litígio[133]. Concretização que demandará avaliação dos impactos da sentença dentro do que é aceitável racionalmente pelo Estado Democrático de Direito.

De fato, muito embora prevaleça, segundo a literatura neoconstitucionalista, a ideia de que tanto os princípios como os direitos fundamentais são normas que têm força normativa, os princípios compreendem valores que, ao serem positivados na Constituição, não podem ser desconsiderados, mesmo não sendo comandos de condutas específicas (regras), enquanto os direitos fundamentais são garantias materiais de liberdade, igualdade e fraternidade que, tendo em vista sua positivação constitucional, estabelecem uma base jurídica de resistência contra todos os tipos de desrespeito, ameaça e violência política e militar, bem como contra as arbitrariedades econômicas e a desigualdade social[134].

Direitos fundamentais que não são mero valores ou diretrizes para a promoção do bem comum. São garantias contra as ingerências do Estado (primeira geração), contra a omissão estatal, exigindo uma ação positiva (segunda geração), e a favor de direitos coletivos como a autodeterminação dos povos, de maneira a assegurar o desenvolvimento, a paz e o meio ambiente sustentável (terceira geração) que condicionam o Estado de Direito e a democracia, assim como são condicionados por

133 MÜLLER, 2009, p. 271.

134 Id., 2008, p. 166.

eles, em virtude de necessitarem uns dos outros. Afinal, direitos fundamentais, democracia e Estado Democrático de Direito estão inter-relacionados porque não há democracia, assentada na participação da sociedade, sem liberdade, igualdade e fraternidade efetivas, assim como não existe Estado Democrático de Direito sem direitos de liberdade, sociais e coletivos, que possam ser concretamente exercidos.

Dessa forma, como garantias materiais positivadas para salvaguardar o desenvolvimento social e político de homens e mulheres em um Estado Democrático, não são restolhos ou sobras constitucionais desvalorizadas ou de menor importância, mas um sistema de direitos fundamentais que está relacionado com "estruturas reais de vida"[135]. Sistematização que, apesar de não poder ser compreendida de maneira fechada por conta da velocidade e complexidade das mudanças sociais, possui um conteúdo e um teor normativo que não pode ser desconsiderado no momento da análise das consequências que uma decisão judicial poderá produzir e da fundamentação, em virtude de servirem de limites de escolha para averiguação dos impactos da decisão.

Isso não significa, todavia, dizer que os direitos fundamentais são absolutos e que o seu conteúdo é igual a todo tempo e lugar. Primeiro, porque o art. 18 da Convenção de Direitos Civis e Políticos de 1966 da ONU (Declarações Universal dos Direitos Humanos), e a alínea "a" do inciso XLVII do art. 5º da CF, admitem, respectivamente, limitações aos direitos humanos/fundamentais que sejam necessárias para "proteger a segurança, a ordem, a saúde ou a moral pública ou os direitos e liberdades fundamentais de outros"[136], bem como em caso de "guerra formalmente declarada"[137]. A duas, porque os direitos fundamentais, como espécies

135 Id., 2009, p. 292.

136 ORGANIZAÇÃO DAS NAÇÕES UNIDAS (ONU). Declaração Universal dos Direitos Humanos (DUDH). Adotada pela ONU em 10 dez. 1948. Disponível em: <https://pt.wikipedia.org/wiki/Declara%C3%A7%C3%A3o_Universal_dos_Direitos_Humanos>. Acesso em: 14 abr. 2022.

137 BRASIL, 1988.

fundantes do Estado Democrático de Direito, estabelecem limites ao poder estatal para assegurar "um conteúdo mínimo"[138] que varia segundo o tempo, o lugar e a realidade social, mas sempre buscando a melhora da condição social dos titulares dos direitos. A três, porque, apesar da medula dos direitos fundamentais estar radicada na "personalidade humana" e "na dignidade da pessoa"[139], a ausência de limites destruiria a democracia, vez que não haveria mais equilíbrio adequado que protegesse o interesse das minorias e evitasse eventual abuso da maioria dominante.

Logo, a fundamentação consequencialista jurídica no campo do direito fundamental pressupõe uma análise cuja perspectiva do mínimo existencial seja pensada, refletida e considerada sob o ângulo do indivíduo em sua dignidade, com os limites impostos constitucionalmente.

Nesse diapasão, como os conflitos trabalhistas envolvem direitos laborais e estes são espécie de direitos fundamentais sociais de segunda geração constituídos fortemente por base principiológica e alguns termos de linguagem aberta e elástica pela baixa densidade normativa, é manifesto que os direitos trabalhistas preconizados constitucionalmente acabam também se relacionando com a fundamentação consequencialista jurídica, porque diante dos conflitos trabalhistas difíceis, há necessidade de que o conteúdo dos textos normativos seja concretizado, mediante a avaliação dos efeitos da decisão judicial na vida real da sociedade em confronto com outras normas vigentes, princípios e valores essenciais do Direito do Trabalho adotados pelo ordenamento jurídico.

Concretização que, para além de manter a coesão e a coerência sistêmica, deve cumprir igualmente a obrigação de justificar todas as razões que levaram a autoridade judicial a escolher pelas repercussões de uma determinada decisão judicial e não pelas demais alternativas (inferidas pelo magistrado e aduzidas pelas partes).

---

138 LORENZETTI, 2011, p. 103.

139 HESSE, 2009, p. 38.

Aliás, como a ideia de democracia trouxe consigo a ideia de liberdade substancial e de igualdade, e como o trabalho (sobretudo, na espécie empregatícia) foi assumido como forma principal de possibilitar oportunidades na sociedade capitalista de dividir a renda e de viabilizar "um mínimo de poder social" à maioria das pessoas, o emprego torna-se o tipo de trabalho mais importante no sistema capitalista por conta das proteções e garantias previstas[140]. Tipo de trabalho que permite o acesso ao mínimo de direitos que proporciona ao ser humano não empreendedor a chance real de fazer a sua história e de sua família, motivo pelo qual acaba por vincular a opção das consequências e, por conseguinte, a própria fundamentação da decisão judicial aos limites impostos pelos direitos fundamentais sociais trabalhistas.

Conteúdo e teor normativo, constituídos por valores e princípios essenciais ao Direito do Trabalho, que não podem ser desconsiderados no momento da análise das consequências que uma decisão judicial poderá produzir e na fundamentação, em virtude de servirem de limites de escolha para avaliação dos impactos da decisão. Isso porque, além dos direitos fundamentais sociais trabalhistas formarem uma base jurídica de resistência contra todos os tipos de desrespeito político, abusos econômicos e desigualdade social, a noção de mínimo existencial, conforme os diferentes casos concretos, pressupõe "um valor mínimo para sua fundamentação" que somente estará presente se a solução do litígio garantir uma vida digna para o trabalhador, dentro dos parâmetros de exercício de seus direitos fundamentais sociais e limites atribuídos constitucionalmente[141].

Enfim, conteúdo e teor normativo laboral que exigirão fundamentação consequencialista apurada porque sempre terão à frente um conflito que envolverá o empregador (o capitalista que pode ser um ser humano ou uma pessoa jurídica gigante) e empregado (o trabalhador). Para mais, fundamentação consequencial jurídica que não poderá ignorar o fato de

140 DELGADO, 2017, p. 32.

141 LEITE, Carlos Henrique Bezerra. Direitos humanos. 2. ed. Rio de Janeiro: Lumen Juris, 2011. p. 126.

o conflito trabalhista envolver o ordenamento jurídico brasileiro centrado na pessoa humana e a circunstância do eixo da "atividade econômica" estar centrado e "voltado ao lucro"[142].

De toda sorte, ainda que os direitos fundamentais não estejam apenas previstos no art. 5º e nem todos os direitos fundamentais sociais trabalhistas do art. 7º da CF sejam autoaplicáveis (por dependerem expressamente de definição legal por opção do próprio legislador constituinte), a sua catalogação constitucional dentro do capítulo II, destinado aos direitos e garantias fundamentais, impede que tais direitos não sejam tomados como fundamentais sociais, em que pese a exigência constitucional de eventual lei definidora deva ser considerada no momento da análise consequencial. Se fundamentais não fossem, o legislador constituinte teria dito, já que as exceções não podem ser presumidas, mas devem ser expressas.

Assim, a fundamentação consequencialista jurídica trabalhista somente será considerada integralmente compatibilizada com Estado Democrático de Direito se o julgador, diante de um *hard case* envolvendo direito fundamental social trabalhista, prolatar decisão judicial adequada e coesa às normas trabalhistas vigentes, bem como coerente aos princípios e valores trabalhistas adotados pelo ordenamento jurídico, sem desconsiderar, portanto, o teor material dos direitos fundamentais sociais trabalhistas, esgotando todos os porquês que justificaram a prolação da decisão em determinado sentido, ante o rol de consequências possíveis, já que nenhum interesse particular ou de classe deve prevalecer sobre o interesse público[143], sob pena de não observar o Estado Democrático de Direito instituído pelos legisladores constituintes.

---

142 JUCÁ, Francisco Pedro; MONSTESCHIO, Horácio. Empresa: função social. Revista Pensamento Jurídico, São Paulo, vol. 14, n. 3, ago./dez. 2020. p. 21 do PDF. Disponível em: <https://aplj.org.br/publicacoes/ensaios/empresa-funcao-social.html>. Acesso em: 08 ago. 2022.

143 SÜSSEKIND, Arnaldo. Interpretação da norma trabalhista. Revista LTr, São Paulo, ano 74, n. 7, p. 789-792, jul. 2010. p. 791.

Por fim, quanto à eventuais alegações de manipulação do julgador em relação à fundamentação consequencial jurídica em *hard cases* trabalhistas, visando a não deixar enfadonha e repetitiva a leitura, orienta-se o leitor a ler o subcapítulo 2.5 deste trabalho, na medida em que as explicações ali contidas sobre limites, transgressões e ativismo judicial constitucional também servem para essa seara especializada.

2.2 IDENTIFICAÇÃO DA FUNDAMENTAÇÃO CONSEQUENCIALISTA E PSEUDOCONSEQUENCIALISTA NAS DECISÕES PARADIGMÁTICAS DO STF EM CONFLITOS TRABALHISTAS

Como visto, a fundamentação consequencialista jurídica trabalhista só será tomada como aceitável caso a avaliação das repercussões positivas e negativas que uma decisão judicial pode produzir, diante de um *hard case* envolvendo direito fundamental social trabalhista, for adequada e coesa às normas trabalhistas vigentes, bem como coerente aos princípios e valores trabalhistas adotados pelo ordenamento jurídico, sem, portanto, desatender o teor material dos direitos fundamentais sociais trabalhistas, explicitando todas as razões justificadoras da prolação da decisão em determinado sentido, ante o rol de consequências possíveis.

Por sua vez, o pseudoconsequencialismo é a manipulação da inferência intelectual pelo magistrado que, influenciado por suas convicções políticas e/ou concepções pessoais de mundo e justiça, afasta o direito positivado, passando a atuar como político e a decidir para promover o bem comum, principalmente em época de graves crises políticas e emergenciais, como nos casos de guerra e pandemia.

Fixados, pois, os pressupostos teóricos da fundamentação consequencialista para permitir não só a identificação dos fundamentos consequenciais jurídicos e políticos, mas também o reconhecimento do pseudoconsequencialismo, ante a utilização de fundamentação falaciosa ou distorcida, com franca transgressão aos limites impostos a tal espécie de concretização do texto normativo, tornou-se possível analisar os acórdãos do STF em conflitos trabalhistas paradigmáticos, a fim de identificar a fundamentação consequencialista jurídica e o pseudoconsequencialismo eventualmente levados a efeito pela Suprema Corte.

Com o fim, pois, de analisar a fundamentação consequencialista em conflitos trabalhistas junto ao STF, observou-se um período de tempo específico (de 23 de março de 2017 até 08 de agosto de 2022), uma vez que, além de alguns temas anteriormente considerados infraconstitucionais passarem ser reputados posteriormente constitucionais (como a celeuma da ultratividade das normas coletivas), foi constatado que não existia grande quantidade de casos emblemáticos na seara trabalhista, ou seja, com alto grau de repercussão jurídica e/ou social na área trabalhista.

No período mencionado, foram categorizados como de alto grau impactante os acórdãos do STF proferidos nos seguintes conflitos trabalhistas paradigmáticos, quais sejam: a) ordens de bloqueio, penhora e liberação de valores da conta única do Estado (ADPF 387/PI); b) licitude da terceirização de atividade-fim ou meio (ADPF 324/DF); c) acordo individual de redução de jornada de trabalho e de salário em tempos de pandemia (ADI 6.363/DF); d) cadastro de empregadores que tenham submetido trabalhadores a condição análoga à de escravo (ADPF 509/DF); e) exigência de comum acordo entre as partes para ajuizamento de dissídio coletivo de natureza econômica (RE 1.002.295/RJ); f) competência para julgamento de processos envolvendo relação jurídica entre representante e representada comerciais (RE 606.003/RS); g) juros e correção monetária na Justiça do Trabalho (ADC 58/DF); h) patamar mínimo diferenciado de remuneração aos presos (ADPF 336/DF); i) equiparação de remuneração entre empregados da empresa tomadora de serviços e empregados da empresa contratada (RE 635546/MG); j) restrição ao benefício de gratuidade de justiça na Justiça do Trabalho, impostos pela Reforma Trabalhista (ADI 5.766/DF); l) exclusão dos contratos de aprendizagem da incidência de piso salarial regional

(ADI 6.223/SP); e m) celebração de contrato civil de parceria entre salões de beleza e profissionais do setor (ADI 5.625/DF).

Não bastante os acórdãos das decisões do STF referentes ao tema da ultratividade das normas coletivas (ADPF 323/DF), das horas *in itinere* (ARE 1121633) e da jornada dos caminhoneiros (ADPF 381/DF) não terem sido analisados pela ausência de publicação da decisão colegiada em sua integralidade, o corte científico baseado em casos paradigmáticos também não afetou o resultado da pesquisa, seja porque dos acórdãos proferidos, respectivamente, em 2017, 2018, 2020 e 2021 foi possível identificar claramente quando o STF utilizou da fundamentação consequencialista jurídica e de pseudoconsequencialismo, seja porque somente com a Lei n. 13.655, de 25 de abril de 2018, tornou-se proibida a decisão com base em valores jurídicos abstratos que não considerassem as consequências práticas da decisão.

Nesse contexto, considerando que nesse momento não se avaliará a validade ou não da fundamentação consequencial (reservada para tempo oportuno), bem como que o STF é um órgão colegiado, cujo acórdão nem sempre reflete a posição unânime do Tribunal, haja vista a possibilidade de que a decisão judicial corresponda ao entendimento da maioria dos Ministros, a avaliação será realizada com base no voto do Ministro redator do acórdão, em caso de julgamento procedente ou improcedente por maioria, ou de acordo com o voto do Ministro relator do caso, na hipótese de julgamento unânime, de forma que o resultado espelhe o efetivo entendimento que prevaleceu na Suprema Corte.

O **primeiro conflito trabalhista emblemático** com alta repercussão, em virtude de estar relacionado com o gargalo da execução e, por conseguinte, com a taxa de congestionamento nos Tribunais do Trabalho de todo o país, é da **ADPF 387/PI[144],** movida pelo Governador do Estado de Piauí, em que se aduziu que as decisões da Justiça do Trabalho do Piauí, determinando o bloqueio e penhora de valores oriundos da conta

144 BRASIL, 2017.

única do Estado para pagamento de verbas trabalhistas de terceirizados, atentava contra a autonomia dos Poderes e contra o sistema federativo.

Com efeito, a decisão de bloqueio e penhora do Tribunal Regional do Trabalho da 22ª Região não havia sido dirigida ao Estado do Piauí propriamente dito, mas à EMGERPI, sociedade de economia mista equiparada às empresas de natureza privada quanto aos direitos e obrigações trabalhistas e, portanto, não sujeita, no entendimento do TRT da 22ª Região, ao regime de precatório. Para a administração Pública, contudo, o bloqueio e a penhora apontavam a violação da execução orçamentária (art. 167, VI, CF), assim como da independência e da harmonia entre os poderes (art. 2º da CF)[145].

O relator, Ministro Gilmar Mendes, ao analisar os impactos da decisão tomada pelo TRT da 22ª Região, em 23 de março de 2017, em relação à coesão da escolha levada a efeito com as demais normas e princípios vigentes do ordenamento jurídico, declarou que os princípios do sistema financeiro e orçamentário eram instrumentos indispensáveis para a harmonia constitucional, bem como afirmou que a observância ao seu conteúdo era indispensável para que a Administração Pública tivesse condições de concretizar valores relevantes do Estado Democrático de Direito.

Segundo o Ministro relator, seguido pela maioria dos demais Ministros, o modo como o bloqueio havia sido realizado aviltava a racionalidade dos pagamentos das obrigações do Estado oriundos das sentenças judiciais, a continuidade da prestação de serviços públicos e, por conseguinte, a efetivação dos direitos fundamentais, haja vista que desrespeitava as duas únicas hipóteses restritivas do regime de precatórios, vez que não se tratava de violação à ordem cronológica de pagamento de precatórios ou de não alocação no orçamento da entidade de dotação destinada ao pagamento da dívida.

Tomando, ainda, como premissa que a EMGERPI é mantida com recursos financeiros detalhados na Lei Orçamentária Anual do Estado do

145 BRASIL, 1988.

Piauí e que os valores bloqueados da conta única somavam mais de três milhões e trezentos e oitenta mil reais, o relator e a maioria dos demais Ministros foram incisivos em reconhecer que, apesar do ente ser integrante da administração indireta, precisava cumprir sim os ditames do precatório, sob pena de não observar a separação dos poderes.

Assim, confrontando o Supremo Tribunal Federal os princípios do sistema financeiro e orçamentário com as duas únicas hipóteses restritivas do regime de precatórios, o valor de mais de 3 milhões de reais bloqueados e a situação real da EMGERPI ser mantida com recursos financeiros detalhados na Lei Orçamentária Anual do Estado do Piauí, fica evidente a fundamentação consequencialista jurídica, não só pelo fato do raciocínio jurídico levado a efeito ter revelado a avaliação dos impactos na separação e harmonia dos poderes, em virtude do ente da administração pública indireta estar submetido ao regime de precatório para não impossibilitar o gerenciamento e administração das verbas públicas pelo Estado do Piauí, mas, sobretudo, por conta do fundamento consequencial haver demonstrado que a decisão judicial, se mantida, produziria incoerências e contradições dentro do próprio sistema jurídico normativo.

Ademais, a avaliação das consequências primou por alertar sobre a impossibilidade de que outros direitos fundamentais fossem concretizados caso a decisão fosse mantida pelo STF, transfigurando a linha de raciocínio consequencial jurídica de que os interesses individuais não podiam prosperar sobre os interesses públicos.

Não houve, logo, nenhuma manipulação da inferência intelectual pela Suprema Corte, fundada em justificações por consequências políticas, que identificassem pseudoconsequencialismos para fundamentar os efeitos do voto prevalecente.

O **segundo conflito trabalhista emblemático** com alta repercussão, por tratar de tema concernente à terceirização da atividade-meio e à proibição da terceirização da atividade-fim, até então sedimentado pelo item III da Súmula 331 do TST, desde 17 de setembro de 1993, é o da **ADPF 324/DF**[146], movida pela Associação Brasileira do Agronegócio – ABAG, sob o argumento de que as decisões judiciais proferidas pela Justiça do Trabalho, fundadas na Súmula 331 do TST, produziam entendimentos casuísticos e imprecisos que inviabilizavam a contratação de mão de obra no âmbito do agronegócio, impediam a adequada gestão e dificultavam a competitividade na esfera internacional.

De fato, a ABAG afirmava que a permissão da terceirização em atividade-meio e a proibição da terceirização de atividade-fim, nos termos do item III da Súmula 331 do TST, não autorizava que a tomadora de serviços contratasse um trabalhador terceirizado para cumprir quaisquer tarefas que fossem desempenhadas por um de seus empregados. Verbete que não admitia que uma atividade essencial ao negócio da tomadora de serviços fosse terceirizada, ainda que não fosse a atividade-fim da empresa, bem como que não anuía que a prestadora de serviços atendesse exclusivamente uma única tomadora de serviços e não permita que a tomadora orientasse o serviço terceirizado, mesmo por meio dos superiores hierárquicos das prestadoras contratadas.

Segundo a autora da ADPF, a interpretação e decisão laboral violavam o princípio da legalidade (CF/88, art. 5º, II); a liberdade dos agentes econômicos de contratarem e de estipularem esquemas racionais de produção; da livre iniciativa (CF/88, arts. 1º, IV, e 170); da livre concorrência (CF/88, art. 170, IV); da valorização do trabalho humano (CF/88, art. 1º, IV); do tratamento igualitário entre concorrentes (CF/88, art. 5º, I); e da atuação do Estado como agente normativo e regulador da economia (CF/88, art. 174)[147].

Por sua vez, o TST noticiou que diante da ausência de lei regulamentadora da prática de terceirização editara o verbete 331 visando a proteger os trabalhadores terceirizados e a garantir a igualdade de tratamento

146 BRASIL. Supremo Tribunal Federal. ADPF 324. Relator Ministro Roberto Barroso – Tribunal Pleno. DJe, 17 jan. 2021. Disponível em: <https://portal.stf.jus.br/processos/downloadPeca.asp?id=15341024987&ext=.pdf>. Acesso em: 22 fev. 2022.

147 BRASIL, 1988.

entre os jurisdicionados. Além disso, conforme explicitado pela Suprema Corte Trabalhista, enquanto a legalidade da terceirização nos casos de trabalho temporário, serviços de vigilância, conservação e limpeza baseava-se no teor da Lei 6.019/1974 e da Lei 7.102/1983, cuja *ratio* autorizava a admissão de serviços temporários ou ligados à atividade-meio da empresa, a proibição da terceirização de serviços ligados à atividade-fim ou à atividade essencial decorria da inexistência de previsão legal que expressamente a autorize; e que, por isso, a Súmula 331 do TST não configurava exercício ilegítimo de atividade legislativa pelo Judiciário.

Nesse caso, as justificativas do STF, lançadas no julgamento de 30 de agosto de 2018, por maioria e nos termos do voto do relator, Ministro Roberto Barroso, no sentido de que o texto constitucional não vedava nem mesmo implicitamente a terceirização e que não havia fundamento legal que autorizasse a divisão das tarefas em atividade-fim e atividade-meio, bem como de que as decisões da Justiça do Trabalho violavam a livre iniciativa e a livre concorrência, em virtude desses princípios assegurarem liberdade às empresas para o desenvolvimento de atividades econômicas e das suas estratégias de produção para obter mais produtividade, lucro e competitividade, sinalizou, num primeiro momento, a utilização da fundamentação consequencialista jurídica. Isso porque, além das assertivas usadas terem revelado o confronto do resultado da decisão judicial com as normas vigentes que não restringiam a terceirização à atividade-meio, mantendo a unidade constitucional coesa, ou seja, sem qualquer contradição, a avaliação dos efeitos da decisão sob o prisma de tais normas constitucionais em cotejo com os fins públicos da liberdade empresarial para garantir o crescimento estratégico das atividades econômicas, mediante o aumento da produtividade, do lucro e da competitividade, evidenciou a tentativa da Suprema Corte de manter a coerência sistêmica com os princípios da livre iniciativa e da livre concorrência.

Ademais, afirmando a Suprema Corte que as restrições impostas tinham sido criadas pela Justiça do Trabalho porque, a despeito do teor dos arts. 2º e 3º da CLT, não havia relação triangular, mas duas relações distintas, sendo uma de natureza civil, entre a tomadora e a empresa prestadora de serviços, e outra de natureza trabalhista, entre a empresa terceirizada e o empregado, assim como que a terceirização abusiva podia ser evitada e reprimida por meio da certificação da idoneidade e da capacidade econômica da terceirizada para honrar o contrato com todas as obrigações, inclusive as de cunho trabalhista e previdenciário, ante o dever de fiscalização da tomadora (justificador de sua responsabilidade subsidiária, caso a empresa terceirizada deixasse de honrar suas obrigações), e que a representatividade por sindicatos não era prejudicada pela terceirização, mas pela vinculação a uma categoria dentro de uma mesma base territorial, restou claro o intuito da Corte Suprema de se valer da fundamentação consequencial jurídica, na medida em que foram avaliados os impactos jurídicos, inclusive observando os ditames celetistas, a responsabilidade patrimonial da tomadora e a realidade sindical da época.

Por outro lado, outros argumentos do relator, seguidos pela maioria dos demais Ministros, denotaram não só análises baseadas em consequências políticas, mas também fundamentação consequencialista influenciada por convicções políticas e visões pessoais dos julgadores, dado que a questão material trazida à baila não era política, em que pese os fundamentos políticos tenham sido empregados no discurso judicial para justificar racionalmente e coerentemente as razões pelas quais a decisão tinha sido proferida para impedir prejuízos ao bem-estar geral da coletividade.

A atuação dos magistrados como políticos, decidindo para promover o bem comum, principalmente em época de grave crise de desemprego, sinalizou o pseudoconsequencialismo, como pode ser visto pelos seguintes argumentos invocados pela maioria dos Ministros da Suprema Corte: a) que não haveria emprego, renda e qualquer outro direito para os trabalhadores caso não existisse desenvolvimento econômico e sucesso empresarial; b) que a existência de 13 milhões de desempregados e 37 milhões de trabalhadores na informalidade ensejava a necessidade de que fossem consideradas as opções disponíveis, sem preconceitos ideológicos e sem inclinação para doutrinas antigas; c) que os direitos fundamentais sociais dos trabalhadores sempre estariam garantidos pela Constituição, exceto se os trabalhadores fossem jogados na informalidade por regras trabalhistas excessivamente rígidas; d) que se estava discutindo a manutenção ou não da estrutura de produção fordista já flexibilizada em todo mundo por conta da globalização e da necessidade de se preservar a competitividade das indústrias, situação que não podia ser revogada pelo Judiciário ou pelo Legislativo por não ser tema de Direito, mas de Economia; e) que era indispensável verificar se era razoável e lógico para o empreendimento que certas atividades fossem prestadas por terceiros, já que não se tratava apenas de redução de custos e sim de estratégia de produção fundamental para a sobrevivência e competitividade das empresas brasileiras; f) que a precarização não decorria da terceirização, mas do possível descumprimento do contrato de trabalho ou das obrigações trabalhistas, tanto que, além dessas celeumas acontecerem igualmente nas contratações diretas, as tomadoras de serviço eram obrigadas a garantir as mesmas condições de segurança do trabalho aos trabalhadores terceirizados; e g) que a alta rotatividade no emprego e a sobrecarga dos Sistemas de Previdência e Assistência Social não decorriam da terceirização, pois as oscilações de emprego eram produto da própria variação do mercado da economia e da produção, posto que, mesmo sem terceirização da atividade-fim, existiam 13 milhões de desempregados.

Dessa forma, a ADPF mencionada foi julgada procedente para, dentre outros, sedimentar a licitude da terceirização de atividade-fim ou meio, bem como que não haveria relação de emprego entre o contratante e o empregado da contratada.

Já o **terceiro conflito trabalhista emblemático** com alta repercussão, por cuidar da redução de jornada de trabalho e salário por acordo individual, criada pela Medida Provisória 936/2020, em total divergência com o texto constitucional, que exige negociação coletiva, é o da **ADI**

6.363/DF[148], ajuizada pela Rede Sustentabilidade, sob a alegação, dentre outros, de que o inciso II do art. 7º e o § 4º do art. 11, todos da Medida Provisória n. 936, de 01 de abril de 2020[149], violavam os arts. 7º, incisos VI, XIII e XXVI, e 8º, incisos III e VI, todos da Constituição Federal[150].

Aqui, a maioria dos Ministros, seguindo o redator do acórdão, Ministro Alexandre de Moraes, assentaram que a exigência de negociação coletiva para fins de redução salarial, estabelecida pelo art. 7º, VI, da CF, precisava ser compatibilizada com os fundamentos da dignidade da pessoa humana (inciso III do art. 1º da CF) e dos valores sociais do trabalho e da livre iniciativa (inciso IV do art. 1º da CF), assim como com os objetivos fundamentais da garantia do desenvolvimento nacional (inciso II do art. 3º da CF) e da erradicação da pobreza e marginalização e da redução das desigualdades sociais e regionais (inciso III do art. 3º da CF), sobretudo em tempos de crise pandêmica, motivo pelo qual, segundo eles, o objetivo do inciso II do art. 7º e o § 4º do art. 11, da MP 936/2020, não era criar uma hipótese específica de redução salarial, sobre a qual incidiria unicamente o art. 7º, VII, da CF.

Para mais, a maioria dos julgadores declararam que a MP 936/2020 precisava ser compreendida sob a ótica do Capítulo II do Título II da CF, pois, apesar do *caput* do art. 6º da CF ter preconizado o trabalho como direito social fundamental e garantidor da dignidade da pessoa humana, os direitos dos trabalhadores estabelecidos no art. 7º da CF pressupunham a existência de trabalho.

---

148 BRASIL, 2020.

149 BRASIL. Medida Provisória n. 936, de 01 de abril de 2020. Institui o Programa Emergencial de Manutenção do Emprego e da Renda e dispõe sobre medidas trabalhistas complementares para enfrentamento do estado de calamidade pública reconhecido pelo Decreto Legislativo n. 6, de 20 de março de 2020, e da emergência de saúde pública de importância internacional decorrente do coronavírus (Covid 19), de que trata a Lei n. 13.979, de 6 de fevereiro de 2020, e dá outras providências. Disponível em: <http://www.planalto.gov.br/ccivil_03/_ato2019-2022/2020/mpv/mpv936.htm> Acesso em: 08 ago. 2022.

150 Id., 1988.

Tais assertivas indicam o fundamento consequencial jurídico, posto que os argumentos decorreram da análise dos efeitos da decisão judicial mediante o confronto das normas impugnadas da MP 936/2020 com os valores constitucionais externados pelos fundamentos e objetivos da república, de maneira a manter a coerência sistêmica com os princípios da dignidade da pessoa humana, do pleno emprego e livre iniciativa.

De outro lado, o mesmo acórdão do presente caso apresentou fundamentos de cunho não jurídico, na medida em que, no dia 17 de abril de 2020, a maioria dos Ministros do STF, acompanhando o redator da decisão, Ministro Alexandre de Moraes, afirmaram que o Brasil já contava com 12,5 milhões de desempregados antes da pandemia e chegaria a 25/30 milhões, gerando um conflito social colossal, caso não houvesse um pacto entre empregados e empregadores, advertindo que se a validação dependesse da concordância dos sindicatos e estes não anuíssem a avença individual, os empregadores teriam que complementar os salários e os empregados teriam que devolver o benefício que tinham recebido do Estado.

Os esclarecimentos no sentido de que a MP 936/2020 permitia que milhares de empresários conseguissem manter as suas empresas e, consequentemente, os empregos dos seus funcionários; que o cálculo das notas fiscais emitidas no Estado de São Paulo no mês de março de 2020 mostravam a diminuição da atividade comercial em 25%; que o custo estimado de 51,2 bilhões do valor emergencial em complementação à redução proporcional salarial do empregado, para preservação de 24,5 milhões de empregos, visava a reduzir os problemas do trabalhador, mantendo uma renda mínima durante o período pandêmico e a continuidade lícita do seu trabalho ao invés de uma geração gigantesca de desemprego que poderia ocorrer; e que a alternativa a essa hipótese para milhares de empresas no território nacional era a demissão, igualmente confirmam o uso da fundamentação consequencialista para além do jurídico.

Na verdade, observam-se, nesse particular, justificativas que mostraram avaliação e fundamentação consequencial concatenada com a conjuntura política que transfigurou a conduta dos julgadores como políticos, tendo em vista o intuito externado de promover o bem comum, principalmente no momento de grave crise pandêmica.

Mais do que isso, muito embora a fundamentação tenha evidenciando a análise dos impactos da decisão frente a vida real da sociedade daquela época, as razões de decidir, fundadas nas consequências políticas sinalizaram o pseudoconsequencialismo, seja porque a questão material trazida à baila não era política, conquanto os fundamentos consequenciais políticos tenham sido empregados no discurso judicial para garantir a racionalidade e coerência da decisão com relação à diminuição das lesões ao bem-estar geral da coletividade.

De toda sorte, o Supremo Tribunal Federal negou referendo à medida cautelar deferida em parte anteriormente pelo Ministro Ricardo Lewandowski, relator do caso.

O **quarto conflito trabalhista emblemático** com alta repercussão, por tratar da divulgação de cadastro de empregadores que tinham submetido trabalhadores a condição análoga à de escravo, é o da **ADPF 509/DF**[151], ajuizada pela Associação Brasileira de Incorporadoras Imobiliárias – ABRAINC, sob a alegação, dentre outros, de que a Portaria Interministerial n. 4, de 11 de maio de 2016, do Ministério do Trabalho e Previdência Social e do Ministério das Mulheres, da Igualdade Racial, da Juventude e dos Direitos Humanos, não era compatível com a Constituição Federal. Isso por causa, segundo a autora, da inobservância do princípio da reserva legal, em virtude de inexistir lei específica sobre o tema.

Conforme aduzido pela ABRAINC, a Portaria teria extrapolado a execução de leis e decretos, preconizada no art. 87, § único, inciso II, da CF, em virtude de sequer haver lei sobre o assunto, afora haver contrariado os princípios da separação dos poderes, do devido processo legal e da presunção de não culpabilidade, haja vista a previsão de punição sem procedimento próprio que permitisse o exercício da ampla defesa e do contraditório.

151 BRASIL, 2020.

Nesse caso, a fundamentação consequencialista jurídica restou patente porque os argumentos usados sinalizaram que a maioria dos Ministros do STF, adotando o voto do relator da época, o então Ministro Marco Aurélio, tinham analisado as repercussões da decisão em relação às demais normas, valores e princípios adotados pelo ordenamento jurídico, de maneira a impedir contradições (mantendo a coesão) e incoerências dentro do próprio sistema jurídico normativo.

Com efeito, a Suprema Corte explicitou, em 16 de setembro de 2020, que a Portaria Interministerial MTE/MMIRDH n. 4/2016 tinha sido confeccionada para dar concretude ao preceituado nos arts. 3º, incisos I e II, e 7º, incisos VII, alínea "b", da Lei de Acesso à Informação, de modo a cumprir o dever de promover a divulgação de informações de interesse público, independentemente de solicitação, motivo pelo qual o princípio da reserva legal e os limites das atribuições impostas pelo art. 87 da CF haviam sido observados.

O fato da decisão judicial haver se preocupado em coadunar os efeitos do acórdão com os ditames da Lei de Acesso à informação, bem como a circunstância da maioria dos Ministros ter reconhecido que se cuidava de instrumento para viabilizar a publicidade das decisões definitivas (irrecorríveis) em auto de infração, lavrado por auditor fiscal do trabalho, em atenção à forma normativa do princípio da transparência ativa, corroboraram para demonstrar a fundamentação consequencialista jurídica sob o prisma da coesão e da coerência sistêmica, ou seja, voltada a impedir, respectivamente, contradições com regras vigentes e desrespeito a princípios regentes do ordenamento jurídico.

A fundamentação consequencial jurídica também restou evidenciada pela assertiva de que a divulgação dos nomes das pessoas físicas ou jurídicas que tivessem sido autuadas em ação fiscal, por submeter trabalhadores a condições análogas à de escravo, não era sanção, mas potencializava a proteção do trabalhador, de acordo com a realidade vivenciada que reclamava o uso incondicional das formas de combate a práticas análogas à escravidão, em atenção ao fundamento principiológico da dignidade da pessoa humana, justificando, ao fim e ao cabo, a improcedência da ação.

Por fim, não houve manipulação da inferência intelectual pela Suprema Corte, baseada em fundamentos consequenciais políticos, que identificasse pseudoconsequencialismo usado pela maioria dos Ministros para fundamentar o voto prevalecente.

Por sua vez, o **quinto conflito trabalhista emblemático** com alta repercussão, por versar sobre a constitucionalidade ou não da exigência do comum acordo entre as partes para o ajuizamento de dissídio coletivo de natureza econômica, nos termos do art. 114, § 2º, da CF, é o do **RE 1.002.295/RJ**[152], interposto pelo Sindicato dos Trabalhadores em Empresas de Transportes Metroviários do Estado do Rio de Janeiro – SIMERJ, sob o fundamento, dentre outros, de que o § 2º do art. 114 da CF, com redação dada pela Emenda n. 45/2004, era inconstitucional por ofender os arts. 5º, incisos XXXV e XXXVI, e 60, § 4º, da CF[153].

Consoante o sindicato, o poder constituinte derivado não havia observado a cláusula pétrea, vez que, ao exigir acordo mútuo do ente coletivo dos trabalhadores e empregadores para a deflagração do dissídio de natureza econômica, restringir-se-ia o acesso à Justiça e a entrega adequada da prestação jurisdicional, em virtude de os sindicatos patronais não terem interesse na propositura de dissídio coletivo conjunto.

Nesse caso, em 22 de setembro de 2020, a maioria dos Ministros do STF, seguindo o voto do redator do acórdão, Ministro Alexandre de Moraes, não só reconheceram que o dissídio coletivo era de natureza constitutiva, conforme o teor do art. 241 do Regimento Interno do TST[154] (segundo o qual tratar-se-ia de ação ajuizada "para instituição de normas e condições de trabalho"), mas também que o art. 5º, inciso

---

152 BRASIL, 2020.

153 Id., 1988.

154 BRASIL. Tribunal Superior do Trabalho. Regimento Interno do Tribunal Superior do Trabalho. Aprovado pela Resolução Administrativa n. 1.937, de 20 de novembro de 2017. Brasília, 2017. Disponível em: <https://juslaboris.tst.jus.br/bitstream/

XXXV, da CF, assegurava a inafastabilidade da jurisdição em relação à violação ou à ameaça a direitos já constituídos, admitindo, por conseguinte, que tais dispositivos não tinham dito absolutamente nada sobre direitos que poderiam ser criados por dissídios coletivos.

Ademais, além de declararem que as normas processuais impunham vários requisitos para que os litigantes ingressassem com a ação em juízo e que o comum acordo era um desses requisitos vinculados ao dissídio coletivo, a maioria dos Ministros da Suprema Corte negou provimento ao Recurso Extraordinário, inclusive porque o requisito do mútuo acordo tinha o objetivo de favorecer e priorizar a solução consensual dos conflitos, de maneira que eventual intervenção estatal, por meio da sentença normativa, ocorresse apenas como última espécie de solução para a lide.

Dessa maneira, à vista das justificativas levadas a efeito, tem-se por manifesta a fundamentação consequencial jurídica, dado que o STF optou pela decisão cuja consequência causaria menos impacto em relação ao ordenamento jurídico, considerando que o cotejo entre os ditames do art. 241 do Regimento Interno do TST e o art. 5º, inciso XXXV, da CF, mostrou que eventual decisão em sentido contrário geraria contradição com o art. 241 do Regimento Interno do TST e desrespeito quanto à natureza constitutiva do dissídio coletivo (com lesão à coesão), bem como incoerência sistêmica em relação ao princípio do acesso à Justiça, em virtude da acessibilidade ser garantia em caso de ameaça ou lesão a direitos já existentes e não para direitos futuros (não existentes).

Inexistindo fundamento falacioso, baseado em consequências políticas, não haveria falar em pseudoconsequencialismo no caso em estudo, vez que a maioria dos Ministros não invocou tais circunstâncias para justificar o voto prevalecente.

O **sexto conflito trabalhista emblemático** com alta repercussão, por cuidar da competência ou incompetência da Justiça do Trabalho para dirimir conflitos sobre contratos de representação comercial

---

handle/20.500.12178/116169/2017_ra1937_ri_tst_rep01_livro_atualizado.pdf?-sequence=27>. Acesso em: 08 ago. 2022.

autônoma, é o do **RE 606.003/RS**[155], interposto pela Ferticruz Comércio e Representações Ltda, sob o argumento, dentre outros, de que o acórdão proferido pela 8ª Turma do TST havia afrontado o teor do art. 114, incisos I e IX, da CF[156], com redação dada pela Emenda 45/2004, em virtude de competir à Justiça Comum o conhecimento e julgamento das ações de cobrança de comissões de representantes comerciais.

Também aqui o fundamento consequencialista jurídico manteve-se firme a incrementar o discurso judicial para que a decisão fizesse sentido no mundo real e também no contexto do sistema jurídico, pois o cotejo da afirmação de que a Lei n. 4.886/65 demonstrava que o representante comercial não estava submetido a ordens, hierarquia, horário ou forma de realização de trabalho, enfim, ao poder de direção do empregador, com a assertiva de que o representante exercia atividade empresarial, praticando atos do comércio com autonomia, sinalizou que o STF tinha avaliado as repercussões da decisão judicial em relação às demais normas, valores e princípios adotados pelo ordenamento jurídico. Isso porque os julgadores buscaram compatibilizar o resultado da decisão judicial para manter a coesão, impedindo contradição com a Lei n. 4.886/65[157], bem como procuraram conservar a coerência com o Princípio do Juiz Natural, vinculado à competência firmada pelo legislador constituinte.

De fato, partindo da premissa apresentada pela Corte Suprema de que na representação comercial autônoma não havia relação de trabalho ou relação de emprego, mas tão somente relação comercial, a maioria dos Ministros da Suprema Corte, adotando o voto do redator do acórdão, Ministro Roberto Barroso, reconheceram, no dia 28 de setembro de 2020, que a proteção constitucional do trabalho não impunha que toda relação entre um tomador de serviços e um prestador fosse protegida por meio de

155 BRASIL, 2020.

156 Id., 1988.

157 BRASIL. Lei n. 4.886, de 09 de dezembro de 1965. Regula as atividades dos representantes comerciais autônomos. Brasília: DOU 10 dez. 1965. Disponível em: <http://www.planalto.gov.br/ccivil_03/leis/l4886.htm>. Acesso em: 08 ago. 2022.

uma relação de trabalho, nos termos do art. 7º da CF, justificando, assim, o provimento do Recurso Extraordinário para firmar a tese de que competia à Justiça Comum o julgamento dos processos envolvendo relação jurídica entre representante a representada comerciais.

Nesse caso, também não houve fundamento distorcido, baseado em justificações por consequências políticas, que permitissem a identificação de pseudoconsequencialismo, dado que a maioria dos Ministros não invocou tais circunstâncias para justificar o voto prevalecente.

O **sétimo conflito trabalhista emblemático** com alta repercussão, por tratar da constitucionalidade ou não dos índices de correção dos depósitos recursais e dos débitos trabalhistas na Justiça do Trabalho, é o da **ADC 58/DF**[158], ajuizada pela Confederação Nacional do Sistema Financeiro – CONSIF, sob a alegação de que os arts. 879, § 7º, e 899 § 4º, da CLT[159], com redação dada pela Lei n. 13.467/2017, e o art. 39, *caput* e § 1º, da Lei n. 8.177/1991[160], formavam um bloco normativo próprio que regulamentava a atualização dos débitos trabalhistas, inclusive os decorrentes de condenações judiciais, em consonância com os ditames constitucionais.

Ainda que a decisão judicial do presente caso tenha valido igualmente para os autos da ADI 5.867, da ADI 6.021 e da ADC 59, todas apensadas à ADC 58 por versarem sobre a mesma questão de fundo, o fato é que a maioria dos Ministros da Suprema Corte, seguindo o voto do relator, Ministro Gilmar Mendes, admitiram que a TR, utilizada no cálculo da remuneração das cadernetas de poupança (art. 12 da Lei 8.177/1991), dos saldos devedores do Sistema Financeiro de Habitação – SFH (art. 18 da Lei 8.177/1991), do saldo das contas do FGTS dos trabalhadores (art. 17 da Lei 8.177/1991), dos depósitos do empregador das parcelas devidas ao empregado relativos ao FGTS (Súmula 459 do

158 BRASIL, 2020.

159 Id., 1943.

160 BRASIL. Lei n. 8.177, de 01 de março de 1991. Estabelece regras para desindexação da economia e da outras providências. DOU, Brasília, 04 mar. 1991. Disponível em: <http://www.planalto.gov.br/ccivil_03/leis/l8177.htm> Acesso em: 08 ago. 2022.

STJ[161] e art. 22 da Lei 8.036/1990[162]), assim como da correção monetária das condenações trabalhistas, não servia para garantir a manutenção do valor real da moeda, uma vez que nada tinha a ver com a correção monetária. Tratar-se-ia de mera taxa referencial calculada pelo Banco Central do Brasil, de acordo com a metodologia do Conselho Monetário.

Mostrando-se a TR inadequada como índice de atualização dos débitos trabalhistas, a maioria dos Ministros do STF, partindo do pressuposto que existiam inúmeros índices de correção monetária com suas fórmulas e especificidades, declararam, em 18 de dezembro de 2020, que devia ser aplicado o mesmo critério de juros e correção monetária utilizado nas condenações de natureza civil em geral. Isso devido à necessidade de que fosse garantida a integridade sistêmica do plexo normativo infraconstitucional, posto que na fase de liquidação da sentença era obrigatório respeitar os ditames do art. 406 do Código Civil, segundo o qual não havendo juros moratórios convencionados, ou sendo previstos sem taxa estipulada, ou ainda decorrendo de determinação legal, fixar-se-ia conforme a taxa em vigor para a mora do pagamento de impostos devidos à Fazenda Nacional, ou seja, segundo a taxa referencial do Sistema Especial de Liquidação e Custódia - SELIC, nos

161 BRASIL. Superior Tribunal de Justiça. Súmula 459 do Superior Tribunal de Justiça. DJe, Brasília, 08 set. 2010. Disponível em: <https://scon.stj.jus.br/SCON/pesquisar.jsp>. Acesso em: 08 ago. 2022.

162 BRASIL. Lei n. 8.036, de 11 de maio de 1990. Dispõe sobre o Fundo de Garantia do Tempo de Serviço e da outras providências. DOU, Brasília, 14 mai. 1990. Disponível em: <http://www.planalto.gov.br/ccivil_03/leis/l8036consol.htm>. Acesso em: 08 ago. 2022.

termos dos arts. 13 da Lei 9.065/95[163]; 84 da Lei 8.981/95[164]; 39, § 4º, da Lei 9.250/95[165]; 61, § 3º, da Lei 9.430/96[166]; e 30 da Lei 10.522/02[167].

Ao final, restou registrado pela maioria dos Ministros da Suprema Corte que, até que surgisse solução legislativa para a lacuna criada pela inconstitucionalidade do índice TR (art. 899, § 4º, da CLT), o IPCA-E devia ser utilizado como índice de correção monetária, até o ajuizamento das ações trabalhistas (fase extrajudicial), acrescido dos juros definidos pelo art. 39, caput, da Lei n. 8.177/1991, assim como a SELIC devia ser usada na fase judicial, sem acréscimo de juros, haja vista o índice SELIC corresponder à soma de juros mais correção monetária.

Nesse sentido, os argumentos do STF, produzidos após análise consequencial levada a efeito, mediante o cotejamento entre a situação do índice TR não garantir o valor real da moeda e, por conseguinte, ser inadequado para corrigir os débitos trabalhistas, com os ditames do art. 406 do Código Civil e os dispositivos legais justificadores do índice SELIC (arts. 13 da Lei 9.065/95; 84 da Lei 8.981/95; 39, § 4º, da

163 BRASIL. Lei n. 9.065, de 20 de junho de 1995. Dá nova redação a dispositivos da Lei n. 8.981, de 20 de janeiro de 1995, que altera a legislação tributária federal e dá outras providências. DOU, Brasília, 21 jun. 1995. Disponível em: <http://www.planalto.gov.br/ccivil_03/leis/l9065.htm>. Acesso em: 08 ago. 2022.

164 BRASIL. Lei n. 8.981, de 20 de janeiro de 1995. Altera a legislação tributária federal e dá outras providências. Brasília: DOU 23 jan. 1995. Disponível em: <http://www.planalto.gov.br/ccivil_03/leis/l8981.htm>. Acesso em: 08 ago. 2022.

165 BRASIL. Lei n. 9.250, de 26 de dezembro de 1995. Altera a legislação do imposto de renda das pessoas físicas e da outras providências. DOU, Brasília, 27 dez. 1995. Disponível em: http://www.planalto.gov.br/ccivil_03/leis/l9250.htm. Acesso em: 08 ago. 2022.

166 BRASIL. Lei n. 9.430, de 27 de dezembro de 1996. Dispõe sobre a legislação tributária federal, as contribuições para a seguridade social, o processo administrativo de consulta e da outras providências. DOU, Brasília, 30 dez. 1996. Disponível em: <http://www.planalto.gov.br/ccivil_03/leis/l9430.htm>. Acesso em: 08 ago. 2022.

167 BRASIL. Lei n. 10.522, de 19 de julho de 2002. Dispõe sobre o cadastro informativo dos créditos não quitados de órgãos e entidades federais e dá outras providências. DOU, Brasília, 22 jul. 2002. Disponível em: <http://www.planalto.gov.br/ccivil_03/leis/2002/l10522.htm>. Acesso em: 08 ago. 2022.

Lei 9.250/95; 61, § 3º, da Lei 9.430/96; e 30 da Lei 10.522/02), sinalizou a utilização de fundamentos consequencialistas jurídicos, visto que o Supremo Tribunal Federal averiguou os efeitos da decisão judicial em relação às demais normas do ordenamento jurídico, compatibilizando o resultado da solução para preservar a coesão, frustrando eventual contradição com os dispositivos do Código Civil e demais leis mencionadas.

O fundamento consequencial jurídico também foi revelado pela assertiva de que devia ser aplicado o mesmo critério de juros e correção monetária utilizado nas condenações de natureza civil em geral, dado o objetivo de resguardar a coerência com princípio da igualdade de tratamento, de maneira a evitar que os interesses individuais prosperassem sobre os interesses públicos.

De outra banda, o mesmo acórdão sinalizou a utilização da estratégia de invocar a crise pandêmica e econômica, como uma das razões de decidir, para promover o bem-estar geral, segundo as convicções políticas e/ou visões pessoais de mundo e justiça dos julgadores, e garantir a menor eficácia aceitável das decisões de natureza trabalhista diante da escassez de lastro econômico, pois a maioria do Ministros do STF, seguindo o voto do relator, afirmaram que o panorama de correção dos débitos trabalhistas piorava consideravelmente no curso da pandemia do Coronavírus, em virtude da diminuição da circulação de capital e da retração econômica, e que o modo de pensar mudava em função da evolução do quadro econômico e histórico.

Vale reiterar que a fundamentação consequencialista política foi usada para justificar a decisão judicial tomada, assim como para flexibilizar o direito à restituição integral, redefinindo o conteúdo do texto do *caput* do art. 944 do Código Civil, quando o Ministro relator, seguido pela maioria de seus pares, apesar de asseverar que não queria defender posições econômicas ou escolhas políticas, consignou primeiramente pressupostos sobre a política de correção monetária e juros, sob o fundamento de que, dentre as normas protecionistas e monopolistas de intervenção do Estado no domínio econômico, trazidas pela

Constituição Federal de 1988, algumas normas constitucionais em matéria econômica tinham sido alteradas de acordo com a nova política econômica, para depois afirmar que a dívida trabalhista judicializada, dentro dos parâmetros de correção monetária fixados pelo TST, tinha assumido contornos extremamente vantajosos.

Percebe-se que a comparação de três contas matemáticas com índices diversos foi manejada de modo distorcido para dar o ar de que a formalidade havia sido cumprida, seja porque não houve confronto das consequências que uma decisão poderia gerar, mas de um fato consequencial com pensamentos valorativos, seja porque em nenhum momento foi avaliado que o crédito do trabalhador possuía natureza alimentar; que a quantia já devia ter sido paga a tempo e modo como contraprestação dos direitos vilipendiados; e que a pandemia também fazia parte do risco do negócio.

Por fim, levando em conta que o Ministro relator, apesar de ter se curvado ao entendimento da maioria quanto à inconstitucionalidade da TR, afirmou que tinha dificuldades para afastar índices de atualização, elaborados com critérios econômicos, inclusive, porque tinha vivenciado no plano profissional, dentre outros, a formulação e implantação de planos econômicos, confirmou-se o pseudoconsequencialismo ante o emprego de convicções políticas e/ou visões pessoais de mundo e justiça dos julgadores para nivelar pessoas em situações distintas com a mesma régua de natureza econômica, tanto antes, durante e depois da pandemia.

Já o **oitavo conflito trabalhista emblemático** com alta repercussão, por ocupar-se da constitucionalidade ou não da fixação da remuneração mínima do trabalho do preso abaixo do salário mínimo, é o da **ADPF 336/DF[168]**, ajuizada pelo Procurador Geral da República, sob o fundamento de que o *caput* do art. 29 da Lei n. 7.210[169], de 11 de julho

168 BRASIL. Supremo Tribunal Federal. ADPF 336. Relator: Ministro Luiz Fux - Tribunal Pleno. DJe, 10 mai. 2021. Disponível em: <https://portal.stf.jus.br/processos/downloadPeca.asp?id=15346361152&ext=.pdf>. Acesso em: 08 ago. 2022.

169 Id., 1991.

de 1984, ao fixar a remuneração mínima do preso abaixo do salário mínimo, violava a dignidade da pessoa humana (art. 1º, inciso III, da CF), a isonomia (art. 5º, *caput*, da CF) e o direito ao salário mínimo (art. 7º, inciso IV, da CF)[170].

Aqui também foi usada a fundamentação consequencial jurídica, na medida em que, além de não ter sido abandonado o texto normativo ou flexibilizado os imperativos legais para que o magistrado pudesse julgar além ou contra a previsão positivada, os fundamentos foram levadas a efeito para não permitir qualquer contradição com as normas válidas existentes no sistema (mantendo a coesão), assim como para assegurar a coerência com os valores e princípios constitucionais adotados pelo ordenamento jurídico.

Tal situação pode ser constatada porque, em 01 de março de 2021, a maioria dos Ministros do STF, seguindo o voto do relator, Ministro Luiz Fux, confrontaram várias previsões legais e constitucionais que evidenciaram a diferença da natureza e regime jurídico do trabalho do preso, em virtude das nuances, limitações e objetivos distintos entre o trabalho do preso e o trabalho da pessoa livre, justificando, assim, aos olhos das autoridades judiciárias, a escolha da consequência jurídica cuja decisão não produzisse como efeito a exigência de um sistema remuneratório dos presos idêntico ao dos trabalhadores livres, mas com um mínimo de equidade. Dentre as previsões legais analisadas e confrontadas, destacam-se: a) a do trabalho do preso não estar sujeito ao regime da CLT (arts. 28, § 2º, e 29, caput, da Lei n. 7.210/1984); b) a do trabalho do condenado constituir um dever/obrigação, nos limites de suas aptidões e capacidades, com finalidade educativa e produtiva (arts. 28, *caput*, 31 e 39 da Lei n. 7.210/1984), enquanto o labor para o trabalhador livre é direito fundamental a ser exercido com liberdade, a fim de prover o próprio sustento e de sua família (art. 6º da CF); c) o trabalho interno exige convênio dos empregadores particulares com o poder

170 Id., 1988.

público para implantação de oficinas de trabalho, gerando custos para o empresário que se somam ao valor pago ao trabalho do preso (art. 34, § 2°, da Lei n. 7.210/1984); d) o trabalho interno prestado à Administração Pública, ainda que dirigida pela administração indireta, tem por escopo a educação profissional do condenado, pouco importando se há ou não geração de benefício econômico para terceiros (art. 34 da Lei n. 7.210/1984); e) o trabalho externo do preso exige providências cuidadosas para evitar fugas e favorecer a disciplina (art. 36 da Lei n. 7.210/1984); f) a autorização para o trabalho externo pode ser revogada se o preso tiver mal comportamento, for punido com falta grave ou praticar ato definido como crime (art. 37, § único, da Lei n. 7.210/1984); e g) os valores recebidos pelo preso em contraprestação por seu trabalho devem ressarcir as despesas do Estado com sua manutenção quanto à educação, ao alojamento, à alimentação, ao vestuário e higiene (arts. 12, 14, 17, 29, § 1º, "d", e 88 da Lei n. 7.210/1984).

Colaboram para esse mesmo entendimento a circunstância da maioria dos Ministros da Suprema Corte terem tomando como pressuposto que a política pública questionada em juízo havia sido estabelecida diretamente pelo legislador e que esta devia ser preservada em homenagem ao princípio democrático, admitindo não só a distinção entre a lógica econômica do trabalho do preso e do homem livre (vez que o primeiro podia até mesmo ter o trabalho subsidiado pelo Erário, enquanto o segundo permaneceria desempregado caso não conseguisse qualquer contratação), mas também que a Constituição não tinha estendido a garantia de salário mínimo de modo uniforme a toda e qualquer mão de obra e que a igualdade de tratamento do trabalho de presos e livres era obrigatória em relação aos acidentes de trabalho ou doenças deles decorrentes. A avaliação feita transfigurou a tentativa da Corte de manter a coerência da opção consequencial levada a efeito com o princípio da dignidade da pessoa humana (art., 1º, III, da CF) e da isonomia (art. 5º, caput, CF).

De outro modo, verifica-se também a utilização de fundamentos consequenciais políticos, posto que o acórdão, mencionando o momento de crise econômica atual e o total de desempregados no país, no patamar de mais de quatorze milhões e duzentas mil pessoas, sinaliza a influência dos julgadores por suas convicções políticas e/ou concepções pessoais de mundo e justiça, ao questionar a quem seria imputável a violação à dignidade da pessoa humana do preso, caso ele ficasse sem trabalho, tendo em vista a maior onerosidade da contratação pela imposição judicial da exigência de salário mínimo uniforme entre detentos e não detentos (dando a entender que os presos teriam sido os próprios geradores da violação de suas dignidades).

Ao fim e ao cabo, neste particular, houve pseudoconsequencialismo, tendo em vista a circunstância dos julgadores terem atuado como políticos a decidir como promover o bem comum.

O **nono conflito trabalhista emblemático** com alta repercussão, por tratar da possibilidade ou não de equiparação de direitos trabalhistas entre empregados da terceirizada e empregos públicos da tomadora de serviços, é o do **RE 635.546/MG**[171], interposto pela Caixa Econômica Federal, sob a alegação de que o acórdão do TST ao reconhecer a equiparação de direitos trabalhistas entre a empregada terceirizada e os empregados públicos da tomadora de serviços, com fulcro no princípio da isonomia e da proibição à distinção contida no art. 7º, inciso XXXII, da CF, desrespeitava a força normativa dos arts. 5º, *caput* e incisos I, II, LIV e LV, e 37, *caput*, inciso I, § 2º, da CF[172], lesava os cofres públicos e gerava multiplicação de controvérsias.

Nesse feito, a maioria dos Ministros da Suprema Corte, adotando o voto do redator do acórdão, Ministro Roberto Barroso, declararam, em 29 de março de 2021, como asseverado nos autos da ADPF 324, que os princípios da livre iniciativa e da livre concorrência garantiam

---

171 BRASIL. Supremo Tribunal Federal. RE 635.546. Relator: Ministro Marco Aurélio. Redator do Acórdão: Ministro Roberto Barroso - Tribunal Pleno. DJe, 19 maio 2021. Disponível em: <https://portal.stf.jus.br/processos/downloadPeca.asp?id=15346455577&ext=.pdf>. Acesso em: 08 ago. 2022

172 Id., 1988.

ao empresário a decisão de terceirizar ou não parte das suas atividades e, por conseguinte, reduzir os gastos e/ou agregar novas técnicas (art. 170, *caput* e inc. IV, CF), de tal sorte que exigir que os valores de remuneração fossem os mesmos entre empregados da tomadora de serviço e empregados da terceirizada significava limitar as escolhas do agente econômico sobre a maneira de estruturar sua produção. Isso porque retirava do empreendedor a opção pela terceirização ou o incentivava a não ter trabalhadores permanentes.

Segundo os julgadores, entendimento diverso conflitava com a decisão proferida nos autos da ADPF 324, tendo em vista o fato do STF haver reconhecido a constitucionalidade da terceirização na atividade-fim e na atividade-meio, baseado nos princípios mencionados, segundo os quais competia ao empresário resolver como sua produção devia ser organizada e construída. Mais do que isso, permitia que trabalhadores tivessem suas remunerações equiparadas, mesmo integrando empresas distintas, com possibilidades econômicas diferentes, autorizando ilicitamente que decisões levadas a efeito pela tomadora de serviço, no campo remuneratório, fossem impostas às terceirizadas e vice-versa.

Percebe-se, portanto, a presença de fundamentação consequencialista jurídica nas assertivas utilizadas pelo STF, pois há clara argumentação decorrente da avaliação dos efeitos da decisão, mediante o cotejo da realidade jurisprudencial da Corte Suprema com os princípios da atividade econômica (livre iniciativa e livre concorrência – art. 170, *caput* e inc. IV, CF), a fim de garantir a coesão da decisão com a jurisprudência da Corte e a coerência do decidido com o sistema jurídico vigente.

Não havendo fundamentos consequenciais políticos, não haveria falar mais uma vez em pseudoconsequencialismo, vez que a maioria dos Ministros não invocou tais circunstâncias para justificar o voto prevalecente.

Por seu turno, o **décimo conflito trabalhista emblemático** com alta repercussão, por tratar do acesso à Justiça do Trabalho após a

Reforma Trabalhista, é o da **ADI 5.766/DF**[173], proposta pelo Procurador-Geral da República, sob o fundamento de que os arts. 790-B, *caput* e § 4º, 791-A, § 4º, e 844, § 2º, da CLT, com redação dada pela Lei 13.467, de 13 de julho de 2017[174], estabeleciam restrições inconstitucionais à garantia de gratuidade de justiça, em virtude de imporem o pagamento de honorários periciais e sucumbenciais, quando seus destinatários tivessem obtido em juízo, inclusive em outro processo, créditos capazes de suportar a despesa, assim como o pagamento de custas quando o empregado não comparecesse injustificadamente na audiência, dando ensejo à extinção da ação.

Nessa ação, observa-se que, em 20 de outubro de 2021, a maioria dos Ministros do STF, acompanhando o voto do redator do acórdão, Ministro Alexandre de Moraes, compreendeu que a imposição nua e crua da responsabilidade pelo pagamento dos honorários periciais e dos honorários sucumbenciais, sem verificar se o beneficiário da justiça gratuita continuava ou não sendo hipossuficiente, revelava desrazoabilidade e desproporcionalidade, ante o dever de prestar assistência jurídica integral e gratuita aos comprovadamente sem recursos suficientes (art. 5º, LXXIV), da CF)[175].

Além disso, os julgadores reconheceram a inconstitucionalidade dos arts. 790-B, *caput* e § 4º, e 791-A, § 4º, da CLT, com redação dada pela Lei 13.467, de 13 de julho de 2017, pelo fato de tais dispositivos obstaculizarem a efetiva fruição dos direitos sociais, já que a Reforma

173 BRASIL. Supremo Tribunal Federal. ADI 5.766. Relator: Ministro Roberto Barroso. Redator do Acórdão: Ministro Alexandre de Moraes - Tribunal Pleno. DJe, 03 maio 2022. Disponível em: <https://portal.stf.jus.br/processos/downloadPeca.asp?id=15350971179&ext=.pdf>. Acesso em: 08 ago. 2022.

174 BRASIL. Lei n. 13.467, de 13 de julho de 2017. Altera a Consolidação das Leis do Trabalho (CLT), aprovada pelo Decreto-Lei n. 5.452, de 1º de maio de 1943, e as Leis n. 6.019, de 03 de janeiro de 1974, 8.036, de 11 de maio de 1990, e 8.212, de 24 de julho de 1991, a fim de adequar a legislação às novas relações de trabalho. DOU, Brasília, 14 jul. 2017. Disponível em: <http://www.planalto.gov.br/ccivil_03/_ato2015-2018/2017/lei/l13467.htm>. Acesso em: 08 ago. 2022.

175 Id., 1988.

Trabalhista instituiu a presunção absoluta do término da hipossuficiência, sem qualquer comprovação de que o proveito econômico apurado no próprio ou outro processo era suficiente para alterar a condição econômica do jurisdicionado, sobretudo considerando-se a infinidades de variações que poderiam ocorrer.

Vê-se, ainda, que as autoridades judiciais entenderam que o art. 844, § 2º, da CLT, com redação dada pela Lei 13.467, de 13 de julho de 2017, havia previsto uma sanção razoável e proporcional ao jurisdicionado, em virtude de sua ausência injustificada frustrar o exercício da jurisdição e causar prejuízos materiais para o órgão judiciário e para a parte reclamada. Isso porque, a despeito do reclamante ter pleiteado o acesso à Justiça, simplesmente ignorou o seu dever de comparecimento, inviabilizando a continuidade da ação.

Outrossim, a maioria dos Ministros do Supremo Tribunal Federal asseveraram que além do CPC tratar a ausência ao ato inaugural do rito ordinário (audiência de conciliação) como ato atentatório à dignidade da jurisdição, impondo multa de até 2% do valor da causa (art. 334, § 8º, do CPC), mesmo em caso de gratuidade (art. 98, § 4º, do CPC), revelando a inexistência de excesso legislativo em relação aos ditames do art. 844, § 2º, da CLT, a sanção preconizada, segundo eles, decorria da desobediência dos deveres mínimos de boa-fé, cooperação e lealdade processual.

Assim, o plexo argumentativo demonstrou mais uma vez a utilização pelo STF do fundamento consequencial jurídico, uma vez que o confronto argumentativo dos dispositivos celetistas com a realidade social dos jurisdicionados, o princípio da gratuidade da justiça e o princípio do acesso à Justiça mostrou a averiguação dos impactos da decisão para resolver um conflito concreto, de acordo com a norma jurídica e os valores e princípios abarcados pelo ordenamento, de modo a manter a coerência do sistema jurídico vigente.

Quanto ao pseudoconsequencialismo, nada foi constatado no voto adotado com razão de decidir da maioria dos Ministro do STF, haja vista não terem se valido de fundamentação consequencialista política para manter o decidido.

O **décimo primeiro conflito trabalhista emblemático** com alta repercussão, por cuidar da constitucionalidade ou não da exclusão dos trabalhadores aprendizes do piso salarial regional, é o da **ADI 6.223/SP**[176], ajuizada pelo Procurador-Geral da República, sob a alegação de que o art. 2° da Lei n. 12.640, de 11 de julho de 2007[177], do Estado de São Paulo, excluía os contratos de aprendizagem da incidência do piso salarial regional, sem qualquer previsão nesse sentido na Lei Federal n. 10.097, de 19 de dezembro de 2000[178], com franca lesão à igualdade material (art. 5º, *caput*, da CF), por discriminação e restrição aos direitos sociais trabalhistas completamente desrazoável e inadequada de jovens e pessoas com deficiência (art. 7°, V e XXX, da CF)[179].

Aqui, ficou igualmente evidente o fundamento consequencialista jurídico a incrementar o discurso judicial para que a decisão fizesse sentido no mundo real e também no contexto do sistema jurídico, visto que o cotejo da afirmação de que a desigualdade inconstitucional pressupunha norma que estabelecesse, de forma não razoável e arbitrária (sem proporcionalidade entre os meios empregados e a finalidade perseguida), tratamento específico para pessoas diversas, com a assertiva de que o contrato de aprendizagem visava a formação do jovem para o exercício

---

176 BRASIL. Supremo Tribunal Federal. ADI 6.223. Relator: Ministro Roberto Barroso. Redator do Acórdão: Ministro Alexandre de Moraes - Tribunal Pleno. DJe, 03 maio 2022. Disponível em: <https://portal.stf.jus.br/processos/downloadPeca.asp?id=15350971179&ext=.pdf>. Acesso em: 08 ago. 2022.

177 SÃO PAULO. Lei n. 12.640, de 11 julho de 2007. Institui, no âmbito do Estado de São Paulo, pisos salariais para os trabalhadores que especifica e dá providências correlatas. DOE, São Paulo, 12 jul. 2007. Disponível em: <https://www.al.sp.gov.br/repositorio/legislacao/lei/2007/lei-12640-11.07.2007.html>. Acesso em: 08 ago. 2022.

178 BRASIL. Lei n. 10.097, de 19 de dezembro de 2000. Altera dispositivos da Consolidação das Leis do Trabalho – CLT, aprovada pelo Decreto-Lei n. 5.452, de 1º de maio de 1943. DOU, Brasília, 20 dez. 2000. Disponível em: <http://www.planalto.gov.br/ccivil_03/leis/l10097.htm>. Acesso em: 08 ago. 2022.

179 Id., 1988.

de um ofício, com regime jurídico distinto, apontou que o STF, em 25 de outubro de 2021, tinha utilizado argumentos consequenciais após avaliar as repercussões da decisão judicial em relação às demais normas, valores e princípios adotados pelo ordenamento jurídico. Isso porque se buscou compatibilizar o resultado da decisão judicial para manter a coesão, impedindo contradição com a Lei Federal n. 10.097/2000, assim como se procurou conservar a coerência com o Princípio da Igualdade material, observando-se os limites das igualdades.

Ademais, além dos julgadores terem consignado que a Lei Complementar n. 103/2000 tinha conferido uma faculdade aos Estados e ao Distrito Federal para que, discricionariamente, estabelecessem ou não os pisos salariais regionais, sem, contudo, que tal diploma legal tivesse incluído obrigatoriamente os aprendizes entre os trabalhadores a serem beneficiados, o tratamento diferenciado previsto na Lei n. 12.640, de 11 de julho de 2007, do Estado de São Paulo, foi considerado pela Suprema Corte compatível com a Constituição Federal, indicando a presença de fundamentação consequencialista jurídica por tentar evitar que os interesses individuais prosperassem sobre os interesses públicos.

Em relação ao pseudoconsequencialismo, nada foi constatado no voto adotado com razão de decidir da maioria dos Ministro do STF, já que não se valeram de fundamentos consequenciais políticos para manter o decidido.

Finalmente, o **décimo segundo conflito trabalhista emblemático** com alta repercussão, por tratar da constitucionalidade ou não dos contratos de parceria entre os profissionais do ramo da beleza (cabeleireiro, barbeiro, esteticista, manicure, pedicure, depilador e maquiador) e as pessoas jurídicas registradas como salão de beleza, é o da **ADI 5.625/DF**[180], proposta pela Confederação Nacional dos Trabalhadores em Turismo e Hospitalidade – CONTRATUH, sob o argumento de que

180 BRASIL, 2022.

o art. 1º-A, § 7º, da Lei 13.352, de 27 de outubro de 2016[181], viabilizava a contratação de profissionais de beleza na forma de pessoa jurídica (pejotização) como meio de burlar o direito de percepção de verbas trabalhistas decorrentes da relação de emprego.

Segundo a CONTRATUH, isso também ocorria porque o § 11 do art. 1º-A da Lei 13.352/2016 negava de forma contundente a possibilidade de existência da relação de emprego se tivesse sido firmado o contrato de parceria, motivo pelo qual, segundo eles, precarizava o trabalho no setor e promovia o retrocesso social ofendendo os preceitos constitucionais da dignidade da pessoa humana (art. 1º, III e IV), do valor social do trabalho (art. 170) e da função social que devia cumprir o contrato de trabalho (arts. 5º, XXXIII; 170, III; e 173, § 1º)[182].

Nesses autos, a maioria dos Ministros da Suprema Corte, acompanhando o voto do redator do acórdão, Ministro Nunes Marques, reconheceram, em 28 de outubro de 2021, que as modificações da complexa sociedade brasileira tinham naturalmente gerado modelos alternativos de relação de trabalho, de tal sorte que o vínculo empregatício não era mais o único regime jurídico a disciplinar o trabalho humano. Isso porque, conforme os julgadores, os produtos e serviços já não eram mais produzidos somente com a presença de um empresário e seus empregados, razão pela qual o princípio da valorização do trabalho não se concretizava apenas pelo modelo do vínculo de emprego.

Para além disso, o STF também consignou que a Lei n. 13.352/2016 não violava os princípios da dignidade da pessoa humana e da valorização do trabalho, pois, além da legislação haver acolhido solução econômica nascida no meio da comunidade profissional envol-

181 BRASIL. Lei n. 13.352, de 27 de outubro de 2016. Altera a Lei n. 12.592, de 18 de janeiro de 2012, para dispor sobre o contrato de parceria entre os profissionais que exercem as atividades de cabeleireiro, barbeiro, esteticista, manicure, pedicure, depilador e maquiador e pessoas jurídicas registradas como salão de beleza. DOU, Brasília, 28 out. 2016. Disponível em: <http://www.planalto.gov.br/ccivil_03/_ato2015-2018/2016/lei/l13352.htm>. Acesso em: 08 ago. 2022.

182 Id., 1988.

vida, a norma combatida pressupunha igualdade contratual, elevando a dignificação profissional dos trabalhadores do segmento da beleza, já que, sendo parceiros ao invés de empregados, não estariam submetidos a limites de remuneração e nem a controle hierárquico do empregador.

Sequer haveria falar, consoante a maioria dos Ministros, em lesão ao princípio da igualdade, posto que a legislação não tinha imposto tratamento preferencial a alguns trabalhadores em detrimento de outros, mas sim englobado todos os profissionais da beleza em regime jurídico livre de trabalho que igualmente os dignificava.

Assim, verifica-se claramente a utilização pela Corte de fundamentação consequencial jurídica porque o confronto da realidade trabalhista, não mais pautada na preponderância, hegemonia e império do vínculo empregatício como único regime jurídico a regrar o trabalho humano, com o texto normativo traçado de acordo com a saída econômica nascida no meio da comunidade profissional envolvida, e os valores incrustados nos princípios da dignidade da pessoa humana, do valor social do trabalho e da igualdade, demonstrou a presença de argumentos consequenciais, após a avaliação dos efeitos da decisão para resolver um conflito concreto, cotejando-se a realidade social, a norma jurídica e os valores e princípios abarcados pelo ordenamento, garantindo a manutenção da coerência da norma do conflito com o sistema jurídico vigente.

Por outro lado, vê-se também a utilização de fundamentação consequenciais políticas, uma vez que o acórdão utiliza fundamento político para incrementar o discurso judicial para que a decisão, além de fazer sentido no mundo real, justifique racionalmente à sociedade as razões pelas quais a decisão tenha sido proferida naquele determinado sentido. Fundamentos consequencialistas políticos que, ao fim e ao cabo, acabam sinalizando a influência dos julgadores por suas convicções políticas e/ou concepções pessoais de mundo e justiça, em virtude de atuarem como políticos para promover o bem comum. Servem de exemplo de tais consequências políticas invocadas nesse caso, as seguintes assertivas: a) que, no mercado atual de trabalho, a condição de empregado já não era mais a meta buscada pelos profissionais que atingiam o nível da expertise; b) que o profissional deixava de ser empregado, perdendo direito a férias, acrescidas de um terço, 13º salário e FGTS, mas ganhava, como parceiro, a flexibilidade de horário, a possibilidade de trabalhar em mais de um local por dia, otimizando a clientela e seus ganhos; c) que não se podia dizer antecipadamente, com fraca visão paternalista, o que era melhor para atender aos interesses dos profissionais e dos estabelecimentos; d) que disposições legais excessivamente dirigentes enrijeceriam o mercado, com prejuízos à liberdade, ao progresso profissional e à dignidade dos trabalhadores; e e) que a preocupação, na atualidade brasileira, não era com os vínculos de empregos, mas com os vínculos de trabalho, já que, em quarenta anos, a população estaria idosa e sem acesso à aposentadoria, por ausência de tempo de contribuição.

Logo, está presente o pseudoconsequencialismo, haja vista a circunstância de tais fundamentos consequenciais políticos não terem decorrido de argumentos baseados na avaliação das espécies de consequências mais adequadas à realidade social do lugar, ao tempo atual em que o conflito ocorreu e à história e à cultura vivenciadas pela sociedade, bem como sequer tratar de direitos que as pessoas teriam segundo o sistema constitucional, mas proceder da intenção do juiz de promover o bem-estar geral.

Ao final de todos os conflitos trabalhistas emblemáticos, portanto, é possível constatar que o Supremo Tribunal Federal utilizava do consequencialismo jurídico como forma integradora do texto normativo para concretizar e dar vida à norma do caso concreto, buscando garantir incessantemente que a decisão tomada evite a contradição com normas vigentes e mantenha a coerência com os valores e princípios acolhidos pelo ordenamento jurídico.

Para mais, observa-se também que as argumentações políticas não são constantemente invocadas para justificar o voto prevalecente, donde se pode concluir que a Suprema Corte até tenta evidenciar uma postura de autocontenção quando percebe que há assuntos que resvalam em opções políticas tomadas pelos legisladores. Todavia, tal imagem não se sustenta (como se verá em momento oportuno), a partir do momento que os mesmos casos são analisados sob o prisma dos limites impostos, dentre outros, pelos valores e princípios trabalhistas adotados pelo ordenamento jurídico.

3 UTILIZAÇÃO DO FUNDAMENTO CONSEQUENCIALISTA

3.1 A UTILIZAÇÃO VÁLIDA DA FUNDAMENTAÇÃO CONSEQUENCIALISTA JURÍDICA NOS CONFLITOS TRABALHISTAS

Como revelado pelo estudo dos acórdãos paradigmáticos, o STF tem usado o fundamento consequencialista jurídico como forma integradora do texto normativo somente nos *hard cases*, assim identificados os que não admitem justificação por dedução (incluindo a análise de estatutos, precedentes e princípios jurídicos), e/ou possuem problemas de pertinência, prova ou classificação, questões processuais e indagações sobre a validade, afora as demandas que decorrem da aplicação de uma regra de fim ou princípio.

Os mesmos acórdãos mostraram que a Suprema Corte vem utilizando há anos tal mecanismo concretizante em conflitos trabalhistas, haja vista a circunstância dos direitos laborais terem forte base principiológica e alguns termos de linguagem aberta e elástica de baixa densidade normativa. Situação que revela não só o fato de que o conteúdo do texto normativo de algumas normas trabalhistas decorria igualmente de um processo de construção, cuja concretização pressupõe a incorporação da realidade como elemento da estrutura normativa, mas também que os direitos fundamentais sociais trabalhistas, caraterizados pela indeterminabilidade decorrente das cláusulas abertas e pela estrutura principiológica de tais direitos, não se amoldava a uma operação dedutiva que possibilitaria obter uma conclusão incontestável a partir de uma premissa maior (fundamentos jurídicos) e uma premissa menor (fundamentos fáticos).

A fundamentação consequencialista jurídica, pois, adentra na esfera trabalhista como elemento concretizante incrementador da decisão dos *hard cases*, marcado pela avaliação das repercussões que uma decisão pode produzir ao resolver um conflito concreto, de maneira que o magistrado possa escolher a opção menos impactante para o sistema jurídico e para a sociedade, mediante o cotejamento da realidade social, da norma jurídica e dos valores e princípios abarcados pelo ordenamento, para garantir a coesão e coerência do sistema jurídico vigente.

Conteúdo e teor normativo concretizante, todavia, cuja fundamentação baseia-se em argumentos decorrentes da avaliação consequencial jurídica que não pode desatender aos valores e princípios essenciais do Direito do Trabalho, estruturantes do Estado Democrático de Direito, por servirem de limites de opção para a verificação dos efeitos da decisão. Limites pelo fato de os direitos fundamentais sociais trabalhistas constituírem uma base jurídica de resistência contra arbitrariedades políticas, abusos econômicos e desigualdade social, impondo a noção de mínimo existencial que impossibilita a prevalência de raciocínios despóticos que endossem apenas soluções em prol da liberdade de mercado e dos agentes econômicos, como se não houvesse desigualdade material entre o empreendedor e o empregado.

Em outras palavras, os princípios essenciais do Direito do Trabalho acabam tendo um caráter fundante e estruturante do Estado Democrático de Direito por serem espécie de "paradigma de limite ao poder"[183] que exterioriza a existência de uma base jurídica e um teor normativo com peso material próprio que não podem ser desconsiderados. Isso porque, a despeito do Estado de Direito Constitucional democrático ser regido pelo princípio da decisão majoritária, o respeito ao limite dos direitos fundamentais sociais trabalhistas garante que

183 LORENZETTI, 2011, p. 102.

nenhuma concretização consequencialista laboral será levada a efeito "em detrimento das forças contramajoritárias"[184].

De fato, não se pode negar que a história provou que a iniciativa privada gera mais riquezas que o Estado por conta da inovação e da assunção dos riscos pelos empresários em prol do lucro. Comprovou também que o Estado não precisa ser o "ator principal" de tudo, já que seu principal papel é garantir as mesmas oportunidades para todos, criar infraestrutura e ajudar aos que mais precisam, financiando programas sociais, redistribuindo renda ou ofertando serviços públicos de excelência[185].

Entretanto, não se pode olvidar que os direitos trabalhistas são espécies de direitos fundamentais sociais constituídos como "imperativos da redução das desigualdades sociais na ordem capitalista"[186] desde a Revolução Industrial nas sociedades ocidentais, em virtude da humanidade ter percebido que os padrões liberais de liberdade contratual não conseguiam assegurar justiça social e paz, dado que a ausência do direito social contribuiu para que o ser humano se valesse da superexploração do seu semelhante para obter poder, prestígio e riqueza, mediante atrocidades que desembocaram nos dois conflitos bélicos mundiais.

Para mais, o Direito do Trabalho especificadamente surge para coroar e elevar os valores da pessoa humana do trabalhador ao mais alto grau de juridicidade, confirmando o primado do homem no ordenamento jurídico como titular e destinatário de todas as regras do poder, mas também como parte integrante da estrutura do sistema econômico com o fim de manter o capitalismo. Assegurar a manutenção

184 COUTINHO, Grijalbo Fernandes. Justiça política do capital: a desconstrução do direito do Trabalho por meio de decisões judiciais. 1. ed. São Paulo: Tirant lo Blanch, 2021. p. 61.

185 BARROSO, Luís Roberto. Sem data venia: um olhar sobre o Brasil e o mundo. 1. ed. Rio de Janeiro: História Real, 2020. p. 243.

186 COUTINHO, Aldacy Rachid. Hermenêutica constitucional, direitos sociais e a visão do STF. In.: PAMPLONA FILHO, Rodolfo (coord.); VALE, Silvia Teixeira do (coord.); LUDWIG, Guilherme Guimarães (coord.). Hermenêutica constitucional do direito do trabalho. Rio de Janeiro: Lumen Juris, 2019. p. 5.

do capitalismo porque a exacerbação da superexploração do trabalho, individualismo e a concentração de riquezas colocavam em perigo a sua própria existência, tendo em vista que, até então, não se preocupavam com a distribuição mínima de renda e a necessidade de que houvesse consumidores para as riquezas produzidas pelo capital[187].

Aliás, muito embora as complexas e aceleradas modificações da sociedade brasileira tenham criado modelos alternativos de relação de trabalho, diferentes do vínculo de emprego, a fundamentação consequencialista jurídica não pode ignorar a realidade contemporânea em que o trabalho permanece sendo fator econômico de produção. Mesmo com o advento da *machine learning* e a *deep learning*, responsáveis pelo surgimento de novas profissões e extinção de várias outras, nenhum sistema computacional foi capaz de acabar com a necessária participação do ser humano na "linha de produção". Para muitos seres humanos, o trabalho continua sendo o único meio de obter renda para se sustentar e manter a família, em troca de suas forças físicas e/ou intelectuais dirigidas em prol do tomador de serviço ou do empregador, da mesma maneira como poucos seguem sendo empresários, lutando para crescer economicamente e aumentar seus lucros.

Por sua vez, o vínculo de emprego permanece sendo o meio de contratação dos trabalhadores mais predominante, tanto que o próprio Governo brasileiro noticiou, em 06 de junho de 2022, com base no Cadastro geral de Empregados e Desempregados – CAGED, que só em abril haviam sido criados 196.966 novos empregos formais, totalizando, naquele mês, **41.448.948 trabalhadores celetistas no país[188],** enquanto o número de trabalhadores por conta própria até abril somava mais de 25,5 milhões de pessoas, e empregados sem CTPS 12,5 milhões

187 BERNARDES, 2021, p. 91.

188 PEDUZZI, Pedro. Caged: Brasil criou 196,9 mil empregos com carteira assinada em abril. Agência Brasil, 06 jun. 2022. Disponível em: <https://agenciabrasil.ebc.com.br/economia/noticia/2022-06/caged-brasil-criou-1969-mil-empregos-com-carteira-assinada-em-abril>. Acesso em: 08 ago. 2022.

de pessoas189. Números que não podem negar que a realidade laboral contemporânea continua marcada pela assimetria, na qual um dos sujeitos se encontra em posição de flagrante submissão diretiva e, em regra, inferioridade socioeconômica perante outro, exigindo, por conseguinte, atenção especial ao princípio da proteção, fundante do Direito do Trabalho, para que a desigualdade seja compensada pelas vantagens e benefícios preconizados pelos legisladores constituintes e ordinários, a fim de equilibrar os pesos da balança.

Assertivas como as do professor Arion Sayão Romita, pautadas nos ensinamentos de Georges Scelle, Gallart Folch e Otto Kahh-Freund, respectivamente, no sentido de que a convenção feita pelos interessados afastava a ideia de proteção; de que a compensação da inferioridade econômica do trabalhador com a superioridade jurídica legal não conferia ao Direito do Trabalho a função de proteger o trabalhador; e de que o princípio do direito do trabalho não visava a proteger o empregado, mas compensar o trabalhador pela disparidade com relação ao empregador190, também não mitigam a importância do Direito Trabalho e, muito menos, diminuem os conflitos laborais e a necessidade de observância dos valores e princípios essenciais do Direito do Trabalho durante a fundamentação consequencialista. A uma, porque as constantes transformações sociais, tecnológicas, políticas e econômicas ocorridas no mundo capitalista evidenciaram que o Direito do Trabalho é ainda essencial para preservar as relações empregatícias "em termos civilizados"[191], evitando que a liberdade econômica cega crie uma catástrofe

189 CAVALLINI, Marta. Número de empregados sem carteira assinada bate recorde; entenda as diferenças entre PJ e CLT. G1 Trabalho e Carreira, 01 jun. 2022. Disponível em: <https://g1.globo.com/trabalho-e-carreira/noticia/2022/06/01/numero-de-empregados-sem-carteira-assinada-bate-recorde-entenda-as-diferencas-entre-pj-e-clt.ghtml>. Acesso em: 08 ago. 2022.

190 ROMITA, Arion Sayão. Compensação não é proteção. Revista LTr, São Paulo, ano 76, n. 1, p. 17-22, jan. 2012. p. 18-20.

191 ALVES, Amauri Cesar. Função capitalista do direito do trabalho no Brasil. São Paulo, ano 77, n. 9, p. 1067-1082, set. 2013. p. 1068.

com a perda de direitos adquiridos. A duas, porque a base jurídica dos direitos fundamentais sociais trabalhistas, por si só, demonstra que a intenção do legislador constituinte e ordinário não foi compensar, mas efetivamente proteger os empregados das arbitrariedades, vez que impôs os limites do mínimo existencial como forma de conter o poder econômico. A três, porque a fundamentação consequencialista jurídica permanece vinculada ao modelo de Estado adotado pelo Brasil, o Estado Democrático de Direito, afora permanecer sendo o Direito do Trabalho decorrente da tensão travada entre as classes desiguais, por conta das lutas por respeito à dignidade humana do trabalhador.

Assim, o fundamento consequencialista jurídico trabalhista somente será considerado integralmente compatibilizado com Estado Democrático de Direito se o julgador, diante de um *hard case* envolvendo direito fundamental social trabalhista, prolatar decisão judicial adequada e coesa às normas trabalhistas vigentes e eficazes, bem como coerente aos princípios e valores trabalhistas adotados pelo ordenamento jurídico, sem desconsiderar, portanto, o teor material dos direitos fundamentais sociais trabalhistas. Decisão, portanto, cuja escolha consequencial não poderá tomar como premissa que a mera previsão de direitos trabalhistas significa seu cumprimento, porque, além da realidade social, como aventada acima, mostrar 12,5 milhões de pessoas trabalhando como empregados sem estarem registradas e, por consequência, sem receber férias e 13º salários, existem vários conflitos trabalhistas que versam sobre temas em relação aos quais sequer se tem "certeza absoluta e prévia de que se tem o direito" previsto, por dependerem de "perícia ou prova documental não pré-constituída"[192] (insalubridade e

192 DELGADO, Maurício Godinho; FELICIANO, Guilherme Guimarães; PASQUALETO, Olívia de Quintana Figueiredo. O acesso à justiça no processo laboral brasileiro: entre a validade, a facticidade e a perplexidade. Revista Pensamento Jurídico, São Paulo, Vol. 14, n. 3, ago./dez. 2020. p. 20 do PDF. Disponível em: <https://fadisp.com.br/revista/ojs/index.php/pensamentojuridico/article/download/247/310>. Acesso em: 08 ago. 2022.

doenças ocupacionais, por exemplo), colaborando para o não cumprimento voluntário da norma jurídica trabalhista pelo empregador.

Mais do que isso, a fundamentação consequencialista jurídica trabalhista, assim como em qualquer outro tipo de conflito, não pode ser aplicada sob o viés político. O fundamento consequencial dissimulado, falacioso ou distorcido, influenciado pelas convicções políticas e/ou visões de mundo e justiça da autoridade julgadora, para subverter o conteúdo do texto normativo, redefinir institutos e normas jurídicas para alcançar o resultado político desejado pelo magistrado, não só esvazia e macula os valores e princípios do Direito do Trabalho, como desrespeita, lesiona e mata aos poucos (a cada decisão judicial) o Estado Democrático de Direito assumido e estruturado por meio dos limites/direitos fundamentais trabalhistas e, por conseguinte, os próprios envolvidos nos conflitos trabalhistas.

Nessa linha de raciocínio, o pseudoconsequencialismo é inadmissível em *hard cases* trabalhistas, pois além da possibilidade de magistrados se afastarem do direito posto, fazendo com que passem a atuar como políticos e a decidir segundo o seu entendimento sobre o que seria a promoção do bem comum, permite eventual fundamentação consequencialista pautada na eficiência econômica, de maneira a justificar e legitimar decisão judicial que reduz o conteúdo normativo dos direitos fundamentais sociais trabalhistas a pó caso a consequência escolhida contribua para tão somente ou principalmente aumentar a liberdade do mercado, dos agentes econômicos e da riqueza dos empreendedores.

Esse tipo de fundamento consequencial, fundado apenas ou de sobremaneira na eficiência econômica, com o prisma da maximização da riqueza, desrespeita a centralidade da pessoa humana como razão de existir do próprio ordenamento jurídico, assim como os fundamentos da dignidade da pessoa humana (inciso III do art. 1º da CF) e dos valores sociais do trabalho (inciso IV do art. 1º da CF[193]), já que não se considera analiticamente as repercussões futuras da decisão sobre o

193 BRASIL, 1988.

trabalho como direito social fundamental e, tão menos, sobre os trabalhadores, mesmo sendo estes fatores da produção e responsáveis pela maximização mencionada.

Pior, revela que o julgador sequer se dá conta de que não tem legitimidade política, oriunda do exercício do sufrágio universal pelos reais detentores do poder (os cidadãos brasileiros), para decidir sobre políticas públicas que ultrapassam a governabilidade ínsita ao Judiciário e competem exclusivamente ao Executivo e ao Legislativo, na proporção de suas responsabilidades e alçadas materiais. Autoridades judiciárias que, apesar de estarem buscando o bem do sistema e da sociedade à sua moda, não percebem que lhes falta conhecimento técnico para revelar a plausibilidade de consequências econômicas, justamente por não serem peritos em questões de ordem econômica ou sociológica[194].

Não se trata, porém, de inobservar que o inciso IV do art. 1º a CF catalogou conjuntamente no mesmo dispositivo os valores sociais do trabalho e a livre iniciativa como fundamentos da República. Pelo contrário, é justamente pelo fato de os dois fundamentos estarem juntos que o raciocínio lógico sistemático deve considerar que o *caput* do art. 170 da CF, ao tratar dos princípios gerais da atividade econômica, estabeleceu como fim a garantia da existência digna, transfigurando claramente que sempre devia prevalecer a decisão consequencial que favorecesse o destinatário do ordenamento e não a economia.

194 Texto original: "Las mayores dificuldades aparecen em cuanto a que el juez no es un experto en materías de carácter económico o sociológico, aunque sí pueda recurrir al asesoramiento de expertos o peritos. Arguye este autor que 'ni siquiera los científicos sociales son capazes de afirmar la plausibilidad de ciertas consecuencias. Menos aún los juristas prácticos, jueces y abogados, que no son científicos sociales, y normalmente carecen de formación en este sentido, a pesar de ciertos intentos laudables por parte de la escuela del análisis económico del derecho o de la jurisprudencia sociológica". SANZ, Mario Ruiz. Argumentación racional y consecuencialismo em la decisión judicial. Jueces para la democracia, 1996. Disponível em: <https://dialnet.unirioja.es/descarga/articulo/174639.pdf>. Acesso em: 03 maio 2022. p. 104. Tradução livre.

É por isso que o fundamento consequencialista jurídico deve ser usado diante de um *hard case* envolvendo direito fundamental social trabalhista, de maneira que a escolha dos efeitos da decisão judicial não seja contraditória às normas trabalhistas vigentes e eficazes, mas harmônica aos princípios e valores trabalhistas adotados pelo ordenamento jurídico, sem desrespeitar o teor material dos direitos fundamentais sociais trabalhistas. Repercussões, portanto, que devem ser analisadas sob o prisma da unidade de sentido que permeia o Estado Democrático de Direito e orienta a concepção de todos os princípios (inclusive trabalhistas), independentemente do "grau de capitalismo adotado pela Constituição"[195], qual seja, a dignidade da pessoa humana, bem como em obediência aos princípios constitucionais específicos de Direito do Trabalho, dentre eles, da proteção ao trabalhador e prevalência da condição mais favorável (art. 7º, *caput*), da garantia do salário mínimo (art. 7º, IV), da irredutibilidade salarial (art. 7º, VI), da proteção ao mercado de trabalho da mulher (art. 7º, XX), do reconhecimento das negociações coletivas (art. 7º, XXVI), da proteção do trabalhador em face da automação (art. 7º, XXVII), da isonomia salarial (art. 7º, XXX), da proibição do trabalho infantil e proteção de trabalho noturno, perigoso e insalubre ao adolescente (art. 7º, XXXIII) e da redução dos riscos inerentes ao trabalho (art. 7º, XXII).

Além disso, é necessário que o fundamento consequencial jurídico observe o parâmetro constitucional do princípio da proibição do retrocesso, segundo o qual não se pode reduzir, degradar ou suprimir níveis concretizados dos direitos sociais, depois de realizados e efetivados através de medidas legislativas, em virtude da dimensão negativa pertinente a tais direitos. Isso porque além dos direitos dos trabalhadores, uma vez atingido um determinado grau de realização, constituírem garantia e direito subjetivo dos obreiros, o princípio da proibição do retrocesso social impõe limite jurídico aos operadores do Direito para impedir violação à segurança jurídica no campo social,

195 LOPES, Ana Frazão de Azevedo. Empresa e propriedade – função social e abuso de poder econômico. São Paulo: Quartier Latin, 2006. p. 278.

econômico e cultural, assim como ao mínimo existencial inerente à dignidade da pessoa humana do trabalhador[196].

Tal situação, no entanto, não quer dizer que os direitos fundamentais sociais trabalhistas não possam ser negociados ou sejam absolutos. O que se quer explicitar é que, diante do Estado Democrático de Direito, os limites impostos pelos direitos fundamentais sociais trabalhistas e pela proibição do retrocesso social não admitem quaisquer decisões judiciais consequenciais que representem anulação, revogação ou aniquilação do conteúdo essencial mínimo previsto constitucionalmente, caso não haja qualquer alternativa de norma compensatória preexistente (norma compensatória que, ao fim e ao cabo, resguardaria o mínimo existencial do trabalhador).

Aliás, esse foi o entendimento do STF externado na ADI 2.096/DF[197], ajuizada pela Confederação Nacional dos Trabalhadores na Indústria – CNTI, por meio da qual se buscava a inconstitucionalidade da Emenda Constitucional 20/1998, sob o argumento de que, ao vedar o acesso dos menores de 16 anos ao mercado de trabalho, ressalvada a condição de aprendiz, a partir dos 14 anos, estar-se-ia lesando o direito fundamental ao trabalho dos adolescentes, resguardado por cláusula pétrea, e, por conseguinte, a sobrevivência e sustento do próprio trabalhador infantil e de sua família.

O STF, por unanimidade de votos, em 13 de outubro de 2020, seguindo o voto do relator, o então Ministro Celso de Mello, não só reconheceu que o Congresso Nacional, no exercício de seu poder reformador, havia proibido, pela EC 20/1998, a exploração absolutamente econômica de qualquer forma de trabalho aos jovens com idade inferior a 16 anos, com exceção à atividade laboral educativa a partir dos 14 anos,

---

196 CANOTILHO, José Joaquim Gomes. Direito constitucional e teoria da constituição. Coimbra/Portugal: Edições Almedina, 1998. p. 320/321.

197 BRASIL. Supremo Tribunal Federal. ADI 2.096. Relator: Ministro Celso de Mello - Tribunal Pleno. DJe, 27 out. 2020. Disponível em: <https://portal.stf.jus.br/processos/downloadPeca.asp?id=15344798921&ext=.pdf>. Acesso em: 08 ago. 2022.

na condição de aprendiz, para cumprir o dever de atenção prioritária e o respeito à condição de pessoa em desenvolvimento das crianças e dos adolescentes, nos termos do art. 7º, XXXIII, mas também consignou que o grau de proteção desse direito fundamental social não poderia ser desconstituído, mediante redução, degradação ou supressão, pelo limite negativo que o princípio da proibição do retrocesso social impunha.

Percebe-se, assim, que a análise desse caso difícil cumpriu bem aquilo que se espera em um *hard case* laboral, pois a Suprema Corte em nenhum momento lançou mão de fundamentos de conteúdo político para justificar sua decisão. Pelo contrário, confrontando a realidade trazida pelos autos, com o Estatuto da Criança e Adolescente, o princípio constitucional trabalhista da proibição do trabalho infantil e proteção de trabalho noturno, perigoso e insalubre ao adolescente (art. 7º, XXXIII) e o princípio da proibição do retrocesso social, optou pela fundamentação consequencial jurídica que causou menos impacto social, por evitar sequelas físicas, emocionais e sociais às crianças e adolescentes submetidos à exploração do trabalho infantil (e suas perversidades, como, por exemplo, o afastamento escolar, a exposição ao trabalho em condições insalubres da mineração, ao esgotamento físico dos serviços rurais e do trabalho doméstico, aos acidentes da construção civil), bem como menos repercussão jurídica, já que levada a efeito em plena conformidade com os princípios e diretrizes que orientam a doutrina da proteção integral (art. 7º, XXXIII, c/c, art. 227), os objetivos e os postulados fundamentais da República (CF, art. 3º, IV) e os princípios básicos da erradicação das piores formas de trabalho infantil extraídos da ordem jurídica internacional (Convenções OIT n. 138[198] e 182[199]).

Respeitando-se os limites do Estado Democrático de Direito, como visto em tal decisão, possibilita-se que a força normativa do princípio da função social da empresa seja cumprida, na medida em que a atividade empresarial, oriunda do exercício da autonomia, acaba sendo legitimada pela compatibilização entre o projeto do empreendedor com a mesma oportunidade das crianças e adolescentes realizarem seus projetos de vida, equilibrando-se a liberdade dos agentes econômicos com o direito ao trabalho educativo e a condição de pessoa em desenvolvimento das crianças e dos adolescentes.

Dessa forma, não se trata de vitimizar sempre o empregado ou pintar sempre o empregador de déspota e, muito menos, de substituir a arbitrariedade subjetiva pela discricionariedade consequencialista, até porque, como já dito em momento passado, o fundamento consequencialista jurídico não é um salvo-conduto para o magistrado fazer o que quer, quando quer e como quer ou quando o sistema admite. Cuida-se de permitir que os ditames da fundamentação consequencialista prevista da LINDB sejam cumpridos, como foi na ADI 2.096/DF, de modo objetivo e racional, observando-se as limitações constitucionais.

Ainda que o caso esteja intimamente relacionado com eventual conflito entre dois princípios constitucionais, o presente caso demonstra que, em regra, a observância dos parâmetros trabalhistas atenderá até mesmo os paradigmas do princípio da proporcionalidade, na medida em

---

198 BRASIL. Decreto n. 10.088, de 5 de novembro de 2019. Consolida atos normativos pelo Poder Executivo Federal que dispõem sobre a promulgação de convenções e recomendações da Organização Internacional do Trabalho – OIT ratificadas pela República Federativa do Brasil. Anexo LXX – Convenção 138 da OIT sobre idade mínima de admissão ao emprego, complementada pela recomendação n. 146. Brasília: DOU 06 nov. 2019. Disponível em: <http://www.planalto.gov.br/ccivil_03/_Ato2019-2022/2019/Decreto/D10088.htm#anexo70>. Acesso em: 08 ago. 2022.

199 Ibid., Anexo LXVIII – Convenção 182 e a Recomendação n. 190 da OIT relativas à proibição das piores formas de trabalho infantil e a ação imediata para a sua eliminação.

que a prevalência do princípio laboral não macula a essência ou núcleo principal do princípio da autonomia; demonstra a adequação dos efeitos da decisão para a atingir o resultado a ser produzido; produz impacto menos agressivo à realidade social, dentre os existentes; e promove que as vantagens superem as desvantagens.

Por fim, como a dogmática jurídica não fornece uma resposta unicamente correta para os conflitos trabalhistas difíceis e o teor e conteúdo dos valores e princípios trabalhistas, adotados pelo ordenamento jurídico brasileiro, não podem ser ignorados, entende-se que a fundamentação consequencialista jurídica trabalhista deve implementar a materialidade constitucional laboral, não só pela integração da realidade social em confronto com as normas vigentes/eficazes e valores e princípios adotados pelo sistema jurídico trabalhista, mas também pela utilização de argumentos doutrinários trabalhistas, haja vista contribuírem para a promoção da integração entre o "subsistema jurídico e os demais subsistemas (extrajurídicos)", como o econômico e o político. Isso não quer dizer que a fundamentação consequencial jurídica, econômica e política deve ser feita de maneira combinada, mas sim que se permitirá que o magistrado use "referências prontas a auxiliar no entendimento de conceitos e fenômenos exógenos"[200] trabalhistas, geralmente desconhecidos em suas especificidades, para manter a coesão e a coerência do sistema jurídico constitucional trabalhista.

3.2 OS ACERTOS E DETURPAÇÕES DOS FUNDAMENTOS CONSEQUENCIALISTAS PROFERIDOS PELO STF EM CONFLITOS TRABALHISTAS

Como visto, a fundamentação consequencialista jurídica deve ser utilizada em conflitos trabalhistas, diante de um *hard case*, de forma

200 TAVARES, André Ramos; HERANI, Renato Gugliano. A contribuição da doutrina no STF: desvendando a dinâmica dos formantes doutrinários (a apresentação dos dados estatísticos). Revista Brasileira de Estudos Constitucionais - RBEC, Belo Horizonte, ano 10, n. 34, jan./abr. 2016, p. 1-232. p. 24.

que a escolha das repercussões da decisão judicial seja coesa às normas trabalhistas vigentes/eficazes e coerente aos princípios e valores trabalhistas adotados pelo ordenamento jurídico, sem desrespeitar o teor material dos direitos fundamentais sociais trabalhistas.

O fundamento consequencial jurídico terá que observar o parâmetro constitucional do princípio da proibição do retrocesso como limite jurídico imposto pelo legislador constituinte para impedir violação à segurança jurídica no campo social e ao mínimo existencial inerente à dignidade da pessoa humana do trabalhador, sem que haja qualquer hipótese de uso de pseudoconsequencialismos.

Nesse viés, como a norma (inclusive do caso concreto), como objeto da ciência jurídica (e não natural), não admite demonstração de verdadeiro ou fácil (correto ou não, como se houvesse apenas uma resposta correta), mas apenas válido e não válido, é possível analisar se as avaliações consequencialistas levadas a efeito pelo STF, nos casos emblemáticos trabalhistas já catalogados, observaram os parâmetros lógicos esperados em matéria laboral, gerando acertos, ou foram realizados com alguma deturpação que reduziu o espectro normativo do direito fundamental trabalhista.

Assim, no que concerne ao **primeiro conflito trabalhista emblemático** da **ADPF 387/PI** (relativa ao caso do bloqueio e penhora de valores oriundos da conta única do Estado do Piauí, para pagamento de verbas trabalhistas de terceirizados), em que pese o STF tenha julgado procedente a arguição para cassar as decisões judiciais de primeiro e segundo graus proferidas pelo TRT da 22ª Região, a fundamentação consequencial jurídica mostrou-se válida na medida em que a decisão impediu a contradição com as duas únicas hipóteses restritivas do regime de precatórios (mantendo a coesão), dado que não se tratava de violação à ordem cronológica de pagamento de precatórios ou de não alocação no orçamento da entidade de dotação destinada ao pagamento da dívida.

Com efeito, muito embora o assunto estivesse relacionado com o gargalo da execução e a taxa de congestionamento nos Tribunais do Trabalho de todo o país, não houve qualquer princípio constitucional trabalhista maculado com a decisão judicial levada a efeito pela Suprema Corte e, muito menos, desrespeito ao teor material dos direitos fundamentais sociais trabalhistas. Existiu, na verdade, clara análise sob a ótica da unidade de sentido que permeia o Estado Democrático de Direito (dignidade da pessoa humana), haja vista a circunstância dos magistrados não terem suprimido o regime dos precatórios e, por conseguinte, os princípios do sistema financeiro e orçamentário e, com eles, as condições da Administração Pública promover os pagamentos racionalmente, continuar a prestar os serviços públicos e concretizar outros direitos fundamentais.

Nenhum fundamento consequencialista político foi invocado e o mínimo existencial do trabalhador foi protegido, em virtude de a manutenção do regime de precatórios ter assegurado a percepção de eventual crédito trabalhista imputado subsidiariamente à Administração Pública, motivo pelo qual não haveria falar em deturpações neste particular.

No **segundo conflito trabalhista emblemático** da **ADPF 324/DF** (referente às decisões judiciais proferidas pela Justiça do Trabalho, envolvendo terceirização de atividade-fim e atividade-meio, fundadas na Súmula 331 do TST), apesar da Suprema Corte ter se valido de fundamentação consequencialista jurídica, confrontando, em tese, a Constituição com o princípio da livre iniciativa e da livre concorrência, observa-se que a avaliação realizada não considerou todos os valores e princípios (inclusive trabalhistas) adotados pelo ordenamento. Isso porque, autorizando o STF que a terceirização podia ocorrer na atividade-fim e, em decorrência, que uma empresa existisse sem absolutamente nenhum empregado próprio (já que todos podiam ser terceirizados), não refletiu sobre os efeitos da ausência de coerência da decisão judicial em relação à força normativa dos princípios da função social da propriedade (art. 170, III, da CF) e da busca do pleno emprego (art. 170, VIII, CF), segundo os quais o ordenamento jurídico brasileiro não objetivava que as empresas apenas obtivessem riqueza por meio de espécie de financeirização econômica do ser humano.

De fato, além da decisão judicial não haver respeitado os limites estabelecidos pelos legisladores constituintes nos incisos III e VIII do art. 170 da CF, do legislador constituinte ter usado o termo trabalho e emprego de maneira técnica (e não como sinônimo um do outro) e da empresa sem empregado próprio não cumprir sua função social de promover o pleno emprego, a fundamentação consequencial proferida pela Corte Suprema não tomou a dignidade da pessoa humana como unidade de sentido que norteia o Estado Democrático de Direito e orienta a concepção de todos os princípios (inclusive trabalhistas), assim como sequer respeitou o princípio da proteção ao trabalhador (art. 7º, *caput*), vez que os magistrados preferiram escolher o efeito que assegurasse liberdade às empresas para o desenvolvimento de atividades econômicas e das suas estratégias de produção, a fim obterem mais produtividade, lucro e competitividade, com base no princípio da livre iniciativa e da livre concorrência, ao invés de garantirem o pleno emprego diretamente com o real beneficiário da força laboral dispendida.

A assertiva no diapasão de que a terceirização abusiva podia ser evitada e reprimida por meio da certificação da idoneidade e da capacidade econômica da terceirizada para honrar o contrato com todas as obrigações, ante o dever de fiscalização da tomadora, não só sinalizou que o STF tinha ciência de que a mera previsão dos direitos trabalhistas não garantia seu cumprimento, mas também que a avaliação consequencialista feita preferiu ignorar a quantidade de ações trabalhistas movidas em face de terceirizadas que não possuíam qualquer lastro financeiro e econômico. Para mais, a avaliação menosprezou o trabalho científico da Organização Internacional do Trabalho, consoante o qual a terceirização no Brasil havia agravado a redução dos padrões de contratação, haja vista a postura de várias tomadoras buscarem a terceirização não como forma de gerenciar a produção econômica da empresa, mas dissipar, acinzentar, dificultar ou anular qualquer responsabilização jurídica trabalhista[201] por meio da repartição radical da cadeia produtiva.

Ademais, não bastasse a circunstância de ser questionável a alegação de que o texto constitucional não vedava nem mesmo implicitamente a terceirização e que não havia fundamento legal que autorizasse a divisão das tarefas em atividade-fim e atividade-meio, seja por conta dos fundamentos mencionados acima, seja porque a legalidade da terceirização nos casos de trabalho temporário, serviços de vigilância, conservação e limpeza baseava-se no teor da Lei 6.019/1974[202] e da Lei 7.102/1983[203] (cuja *ratio* autorizava a admissão de serviços temporários ou ligados à atividade-meio da empresa, como explicado pelo TST), o STF ignorou que o art. 8º da CLT[204] autorizara a Justiça do Trabalho, na falta de dispositivos legais ou contratuais, decidir, dentre outros, pela jurisprudência, por analogia, por equidade e outros princípios e normas gerais de direitos, principalmente do direito do trabalho, desde que nenhum interesse de classe prevalecesse sobre o interesse público.

Além de ter aparentemente esquecido de sua função contramajoritária, qual seja, de assegurar o direito da minoria trabalhadora (não em números) frente os interesses majoritários dos capitalistas, tendo em vista a situação de dependência e/ou desvantagem econômica dos obreiros em face dos empregadores[205], o STF usou fundamentos consequenciais de ordem política, deixando extremante claro, dentre outros, que os direitos sociais trabalhistas dependiam da existência de desenvolvimento

---

201 ORGANIZAÇÃO INTERNACIONAL DO TRABALHO (OIT). Futuro do Trabalho no Brasil: perspectivas e diálogos tripartites. Impresso no Brasil, 2018. p. 84. Disponível em: <https://www.ilo.org/brasilia/temas/fow/lang--pt/index.htm>. Acesso em: 08 ago. 2022.

202 BRASIL, 1974.

203 Id., 1983.

204 Id., 1943.

205 CHAVES, L. G. Mendes. Minorias e seu estudo no Brasil. Revista C. Sociais. v. II, n. 1. Fortaleza, 1970. Disponível em: <https://repositorio.ufc.br/bitstream/riufc/4487/1/1971_art_LGMChaves.pdf>. Acesso em: 08 ago. 2022.

econômico; que a decisão judicial não podia desconsiderar os 13 milhões de desempregados; que os direitos trabalhistas não estariam garantidos na Constituição se prevalecesse regra excessivamente rígida; e que estavam querendo manter o sistema fordista quando o resto do mundo já tinha sido flexibilizado laboralmente.

Mesmo diante de alguns fundamentos consequencialistas jurídicos, ficou evidente a preponderância da fundamentação consequencial política, quer pela quantidade superior aos fundamentos jurídicos, quer porque a solução normativa do caso concreto acabou não resultando da análise das consequências que uma decisão poderia gerar na realidade, mas sim da manipulação da inferência intelectual pela maioria da Corte, influenciada por convicções políticas e/ou visões pessoais de mundo e justiça, quer porque a crise econômica foi utilizada como válvula de escape para subverter o conteúdo do texto normativo para alcançar o resultado desejado pela maioria dos magistrados da Corte.

O pseudoconsequencialismo fica mais nítido quando se constata que a Suprema Corte sequer considerou os ditames dos arts. II e III da Convenção 117 da OIT de 1962[206], ratificada em 24 de março de 1969 e vigente no Brasil desde 24 de março de 1970, uma vez que os magistrados não se atentaram de que a elevação do nível de vida do trabalhador devia ter sido considerada como o principal objetivo no planejamento do desenvolvimento econômico (e não a economia, por si mesma), assim como de que todas as medidas práticas e possíveis deveriam ser tomadas, no planejamento do desenvolvimento econômico, a fim de harmonizar o desenvolvimento a uma evolução saudável dos trabalhadores. A opção feita não colocou o homem trabalhador como a razão de ser e existir o ordenamento jurídico, como esperado pelo sistema jurídico brasileiro e pela Convenção 117 da OIT, dificultando, assim, o atendimento, inclusive, da meta 8.3 da Agenda 2030 da ONU, já que a prevalência da economia sobre o trabalhador contribuiu para

206 BRASIL, 2019.

a não geração de emprego decente, ou seja, com todos os seus direitos fundamentais resguardados efetivamente.

Dessa forma, considerando que os juízes constitucionais assumiram as "vestes do legislador"[207], criando normas de conteúdo diferente das existentes, tem-se que a decisão judicial consequencial em estudo não é válida, em virtude de a solução não ter sido fundamentada com base no consequencialismo jurídico possível, ou seja, ao longo do que é válido racionalmente dentro do Estado Democrático de Direito.

Já no **terceiro conflito trabalhista emblemático** da **ADI 6.363/DF** (concernente à inconstitucionalidade ou constitucionalidade da previsão de redução salarial e de jornada por meio de acordo individual, como medida trabalhista para enfrentamento do estado de calamidade pública decorrente do Coronavírus, nos termos Medida Provisória n. 936, de 01 de abril de 2020), conquanto o STF tenha usado a fundamentação consequencialista jurídica, cotejando o requisito da negociação coletiva para fins de redução salarial (art. 7º, VI, da CF), com os fundamentos da dignidade da pessoa humana (art. 1º, III, da CF) e os valores sociais do trabalho e da livre iniciativa (art. 1º, IV, da CF), bem como com os objetivos fundamentais da garantia do desenvolvimento nacional (art. 3º, II, da CF) e da erradicação da pobreza e marginalização e da redução das desigualdades sociais e regionais (art. 3º, III, da CF), não se pode olvidar que a medida cautelar deferida pelo relator, Ministro Ricardo Lewandowski, não foi referendada pela maioria dos Ministros da Suprema Corte por entenderem que o inciso II do art. 7º e o § 4º do art. 11 da MP 936/2020 eram constitucionais em tempos de crise pandêmica.

Realmente, malgrado a maioria dos julgadores tenham invocado o colapso gerado pelo Coronavírus para afirmar que a MP 936/2020 precisava ser compreendida sob a ótica do Capítulo II do Título II da

207 MOREIRA, Vital. Princípio da maioria e princípio da constitucionalidade: legitimidade e limites da justiça constitucional. Colóquio no 10º aniversário do Tribunal Constitucional. Coimbra: 1995, p. 177 a 198. Disponível em: <http://www.tribunalconstitucional.pt/tc/textos030212.html?impressao=1>. Acesso em: 08 ago. 2022.

CF, na tentativa de transfigurar uma solução racional consequencial sistematizada, a decisão judicial ignorou o imperativo normativo constitucional no diapasão de que os salários e a jornada de trabalho só poderiam ser reduzidos mediante convenção ou acordo coletivo (art. 7º, VI e XIII, da CF), rompendo-se com a regra de ouro da fundamentação consequencial jurídica, qual seja, observar a Constituição vigente como o limite extremo. Desatende-se o teor material dos direitos fundamentais sociais trabalhistas expressamente delineados, como se a pandemia autorizasse os magistrados a partir do vazio.

Mas a ausência de coesão da decisão judicial estudada não terminou aqui, pois os julgadores consignaram que os direitos dos trabalhadores estabelecidos no art. 7º da CF pressupunham a existência de trabalho, sem que o legislador constituinte tivesse feito qualquer ressalva ou condicionamento nesse sentido. Ora, além dos magistrados terem inobservado a regra hermenêutica, de acordo com a qual as exceções devem estar expressamente previstas (o que não era o caso), assim como utilizado o termo trabalho como sinônimo de emprego (confundindo tecnicamente o gênero com a espécie, mesmo depois do Tribunal Pleno ter expressamente declarado que os direitos do art. 7º da CF voltavam-se à proteção dos empregados, sem qualquer possibilidade de elastecimento desse conceito para abranger outros cidadãos, na ADI 2.296[208]), o fundamento consequencial revelou um discurso racional completamente distante do possível, de acordo com o Estado Democrático de Direito, pelo fato da justificativa ter sinalizado que tais direitos fundamentais sociais eram sobras constitucionais desvalorizadas ou de menor importância que poderiam ser desconsideradas, alteradas ou manipuladas judicialmente.

Na prática, os fundamentos consequencialistas de natureza política, dentre outros, no diapasão de que o Brasil já contava com 12,5 milhões de desempregados antes da pandemia, e chegaria a 25/30 milhões,

208 BRASIL. STF. ADI 2.296. Relator: Ministro Dias Toffoli - Tribunal Pleno. DJe, 13 dez. 2021. Disponível em: <https://redir.stf.jus.br/paginadorpub/paginador.jsp?docTP=TP&docID=758659794>. Acesso em: 08 ago. 2022.

gerando um conflito social colossal, caso não houvesse um pacto entre empregados e empregadores; e de que se a validação dependesse da concordância dos sindicatos e estes não anuíssem a avença individual, os empregadores teriam que complementar os salários e os empregados teriam que devolver o benefício que tinham recebido do Estado, apontam que a dogmática jurídica e a política estavam sendo usadas, influenciadas por convicções políticas e/ou visões pessoais de mundo e justiça dos julgadores, para redefinir e configurar a norma jurídica constitucional nos termos por eles objetivados.

Nem mesmo os fundamentos, no sentido de que a MP 936/2020 permitia que milhares de empresários conseguissem manter as suas empresas e, consequentemente, os empregos dos seus funcionário; que os custos com o valor emergencial em complementação à redução proporcional salarial do empregado visava a reduzir os problemas do trabalhador, mantendo uma renda mínima durante o período pandêmico e a continuidade lícita do seu trabalho, ao invés de uma geração gigantesca de desemprego que poderia ocorrer; e que a alternativa a essa hipótese era a demissão, admitiriam a aceitabilidade/validade do resultado judicial publicado, na medida em que as fundamentações consequenciais políticas conjuradas indicaram que os magistrados se afastaram do direito constitucional posto, passando a atuar como políticos e a decidir para promover o bem comum (segundo suas convicções), em época de grave crise emergencial.

Não se nega as dificuldades surgidas com a pandemia, as quais dificultaram ainda mais o diálogo intersindical. Todavia, além dos meios telemáticos estarem disponíveis para que os entes coletivos pudessem se conectar e intermediar eventual negociação coletiva virtualmente, a própria Suprema Corte, ao decidir o RE 1.002.295/RJ, deixou claro que o comum acordo era um dos requisitos vinculados ao dissídio coletivo porque tinha o objetivo de favorecer e priorizar a solução consensual dos conflitos, sinalizando assim, tanto na ADI 6.363/DF como na RE 1.002.295/RJ, que a não concordância ocasional dos entes coletivos em relação a um determinado tema já tinha sido prevista pelo legislador constituinte por fazer parte da dança das negociações, de tal sorte que a escolha da consequência externada pela decisão judicial mostrou que os juízes constitucionais assumiram "inequivocamente a veste do legislador"[209] constituinte, ao invés de se limitarem a declarar a inconstitucionalidade da norma.

Percebe-se que, além do STF não ter se atentando para a probabilidade mais próxima do aceitável, tendo em vista o próprio estudo do Banco Central do Brasil haver consignado que que, mesmo na ausência de pandemia, empresas fechariam suas portas[210], demonstrando a diminuição da força argumentativa da justificativa política apresentada, o Estado Juiz impediu, com sua intervenção, que as próprias forças do capital e do trabalho pudessem encontrar outros caminhos que não a total desconsideração do texto normativo constitucional.

Pior, a despeito da controvérsia que existe em torno da extensão e alcance da proteção dos direitos e garantias constitucionais como cláusulas pétreas (cujo estudo demanda um tratado não compatível com o presente estudo), os ministros não se atentaram que a exigência da negociação coletiva para reduzir a jornada e os salários (inciso VI e XIII do art. 7º da CF) sequer podia ser desconsiderada, em virtude do inciso V do § 4º do art. 60 da CF ter estabelecido que os direitos e garantias fundamentais não podiam ser abolidos. Isto porque os legisladores constituintes originários optaram por obstaculizar a reforma constitucional, inclusive, por meio do Poder Judiciário, de maneira a "garantir a estabilidade da Constituição e conservá-la contra alterações" que destruíssem sua "identidade...e seus princípios fundamentais"[211].

209 MOREIRA, 1995, p. 177 a 198.

210 BRASIL. Banco Central do Brasil. Fechamento de empresas na pandemia. Estudo especial n. 99/2021. Disponível em: <https://www.bcb.gov.br/conteudo/relatorioinflacao/EstudosEspeciais/EE099_Fechamento_de_empresas_na_pandemia.pdf>. Acesso em: 08 ago. 2022.

211 PEDRA, Adriano Sant'Anna. Reflexões sobre a teoria das cláusulas pétreas. Revista de Informação Legislativa, ano 43, n. 172, p. 135-148. Brasília: Senado Federal, Subsecretaria de Edições Técnicas, out./dez. 2006. p. 135-137.

Não que o inciso V do § 4º do art. 60 da CF seja um obstáculo intransponível que restringe o poder do povo de gerações futuras, a ponto de se tornar incompatível com a democracia. Antes, partindo da premissa que os direitos fundamentais não se confundem com o conceito de cláusulas pétreas[212] (dentre outros, por terem os primeiros um caráter defensivo e prestacional, exigindo uma conduta proativa do Estado, enquanto o segundo tem o efeito negativo/força paralisante de vedar qualquer norma que o contrariasse), quer-se mostrar não só que o inciso mencionado havia aumentado o "grau de rigidez constitucional"[213] para manter o "núcleo essencial"[214] do texto constitucional, mas também que os limites não são apenas dirigidos politicamente aos legisladores constituintes derivados. Os limites também são dirigidos ao Poder Judiciário, de maneira que os magistrados observem, ao jugarem os "hard cases" trabalhistas, que o inciso V do § 4º do art. 60 da CF engloba igualmente os direitos fundamentais sociais trabalhistas (e não somente os direitos individuais, justamente por fazerem parte do "núcleo essencial", como igualmente ocorre com os direitos políticos e os direitos de nacionalidade, por exemplo) e que os limites do poder de reforma constitucional somente impedem modificações que extingam os direitos fundamentais sociais trabalhistas.

Todavia, muito embora a cláusula pétrea do inciso V do § 4º do art. 60 da CF não impeça a extensão ou reforço dos direitos fundamentais

---

212 ANDRADE, Fábio Martins de. As cláusulas pétreas como instrumentos de proteção dos direitos fundamentais. Revista de Informação Legislativa, ano 46, n. 181, p. 207-226. Brasília: Senado Federal, Subsecretaria de Edições Técnicas, jan./mar. 2009. p. 208. Disponível em: <https://www12.senado.leg.br/ril/edicoes/46/181/ril_v46_n181_p207.pdf>. Acesso em: 08 ago. 2022.

213 PESSANHA, Rodrigo Brandão Viveiros. Direitos fundamentais, cláusulas pétreas e democracia: uma proposta de justificação e de aplicação do art. 60, § 4º, IV da CF/88. Revista Brasileira de Direitos Fundamentais & Justiça n. 7, abr./jun. 2009. p. 18 do PDF. Disponível em: https://dfj.emnuvens.com.br/dfj/article/download/489/215>. Acesso em: 08 ago. 2022.

214 SARLET, Ingo Wolfgang. A eficácia dos direitos fundamentais. 3 ed. Porto Alegre: Livraria do Advogado, 2003. p. 381-382.

sociais trabalhistas e autorize alterações que mantenham o "equilíbrio entre a indispensável estabilidade constitucional e a necessária adaptabilidade da Constituição à realidade"[215], verifica-se que a análise consequencialista levada a efeito não garantiu a estabilidade da constituição e tão pouco impediu a destruição da identidade desses direitos fundamentais sociais trabalhistas, tendo em vista o fato de haver ferido de morte o conteúdo essencial de priorizar a solução consensual coletiva nesses temas fundamentais.

Ainda que compreendida como um incremento consequencial ou um meio/mecanismo de emprego do princípio da proporcionalidade (para os que compreendem que havia um conflito entre dois direitos fundamentais sociais a ser solucionado) que se transmutaria em fundamento judicial no momento de decidir qual das consequências possíveis devia prosperar como *ractio decidendi*, o raciocínio seria o mesmo, seja porque o texto normativo não foi observado em sua integralidade; seja porque a mácula do núcleo essencial dos direitos fundamentais envolvidos evidenciou que não havia correspondência entre o fim almejado pelos dispositivos normativos e o meio consequencial empregado; seja porque, como já mencionado, houve mero pseudoconsequencialismo.

Logo, estando a avaliação consequencial concatenada com a conjuntura política que transfigurou a conduta dos julgadores como políticos, principalmente no momento de grave crise pandêmica, não pode ser tomada como válida a fundamentação consequencial da decisão analisada, em virtude do pseudoconsequencialismo presente.

Por sua vez, no **quarto conflito trabalhista emblemático** da **ADPF 509/DF** (relativo à divulgação de cadastro de empregadores que tinham submetido trabalhadores a condição análoga à de escravo), a fundamentação consequencial jurídica revelou-se válida, vez que a assertiva, na perspectiva de que a Portaria Interministerial MTE/MMIRDH n. 4/2016 tinha sido construída para concretizar alguns dispositivos da Lei de Acesso à Informação, com o fim de cumprir o dever de promover a di-

215 PEDRA, 2006. p. 135-137.

vulgação de informações de interesse público, independentemente de solicitação, mostrou que os julgadores haviam confrontado as repercussões da decisão em relação às demais normas, valores e princípios adotados pelo ordenamento jurídico, de modo a evitar contradições (mantendo a coesão) e incoerências dentro do próprio sistema jurídico normativo.

É manifesta, ainda, a validade da solução judicial consequencial, dado que, além de compatibilizar os efeitos do acórdão com os ditames da Lei de Acesso à informação, a conduta do STF haver discernido que a lista era um instrumento para viabilizar a publicidade das decisões definitivas (irrecorríveis) em auto de infração, lavrado por auditor fiscal do trabalho, em atenção à forma normativa do princípio da transparência ativa, corroborou para ratificar que o princípio da reserva legal e os limites das atribuições impostas pelo art. 87 da CF haviam sido observados.

Na mesma linha de raciocínio, o argumento de que a divulgação dos nomes das pessoas físicas ou jurídicas que tivessem sido autuadas em ação fiscal, por submeter trabalhadores a condições análogas à de escravo, não era sanção, mas potencializava a proteção do trabalhador, como forma de combater as práticas análogas à escravidão, confirmou a harmonia da decisão judicial levada a efeito após análise consequencial jurídica, com o princípio da dignidade da pessoa humana e da proteção do trabalhador, na medida em que a solução primou por manter a solução do caso concreto na centralidade e razão de existir do ordenamento jurídico, ou seja, a pessoa humana (inclusive do trabalhador).

Assim, não existindo manipulação da inferência intelectual pela Suprema Corte por meio de fundamento pseudoconsequencialista, entende-se que a fundamentação consequencial jurídica foi validamente e adequadamente realizada pelos magistrados.

Quanto ao **quinto conflito trabalhista emblemático** do **RE 1.002.295/RJ** (referente à discussão sobre a constitucionalidade ou não da exigência do acordo mútuo do ente coletivo dos trabalhadores e empregadores para a deflagração do dissídio de natureza econômica), o Supremo Tribunal Federal manteve postura igualmente irrepreensível.

Isso por causa da Corte Suprema haver optado pela decisão cuja consequência causava menos impacto em relação ao ordenamento jurídico, considerando que o cotejo entre os ditames do art. 241 do Regimento Interno do TST e o art. 5º, inciso XXXV, da CF, evidenciou que eventual decisão em sentido contrário geraria contradição com o art. 241 do Regimento Interno do TST e desrespeito quanto à natureza constitutiva do dissídio coletivo (com lesão à coesão), bem como incoerência sistêmica em relação ao princípio do acesso à Justiça, em virtude da acessibilidade ser garantia em caso de ameaça ou lesão a direitos já existentes e não para direitos futuros (não existentes).

A consideração de que as normas processuais previam vários requisitos para que os litigantes ajuizassem uma ação em juízo e que o comum acordo era um desses requisitos vinculados ao dissídio coletivo, assim como que o requisito do mútuo acordo tinha o objetivo de favorecer e priorizar a solução consensual dos conflitos, de modo a assegurar que a intervenção estatal somente ocorresse em último caso, confirmou a fundamentação consequencialista de cunho jurídico, justificando a validade da solução judicial, inclusive por inexistir fundamento falacioso baseado em consequências políticas.

Entende-se, pois, diante da ausência de qualquer lesão a princípio constitucional trabalhista e, muito menos, desrespeito ao teor material dos direitos fundamentais sociais trabalhistas, que o STF atuou de maneira escorreita, sob a ótica da unidade de sentido que permeia o Estado Democrático de Direito (dignidade da pessoa humana), permitindo, inclusive, que os entes coletivos buscassem solução alternativa para o conflito de interesses.

No **sexto conflito trabalhista emblemático** do **RE 606.003/RS** (concernente à competência ou incompetência da Justiça do Trabalho para dirimir conflitos sobre contratos de representação comercial autônoma), muito embora o STF tenha buscado compatibilizar o resultado da decisão judicial para manter a coesão, impedindo contradição com a Lei n. 4.886/65, bem como para conservar a coerência com o Princípio do

Juiz Natural, vinculado à competência firmada pelo legislador constituinte, verifica-se que os julgadores não obedeceram os limites impostos pela própria Constituição à jurisdição constitucional. Limites decorrentes da opção do legislador constituinte derivado de centralizar toda análise de relação de trabalho junto à Justiça do Trabalho.

Com efeito, além da Lei n. 4.886/65 não haver preconizado nenhuma regra de competência material, a Emenda Constitucional n. 45[216], de 30 de dezembro de 2004, alterou a competência da Justiça do Trabalho para abarcar todos os conflitos derivados das relações de trabalho, independentemente da qualidade das partes envolvidas, ou seja, se eram empregados/empregadores ou não, posto que a expressão genérica "trabalho" estava conectada à ideia de "dispêndio de energia pelo ser humano, objetivando resultado útil"[217], pouco importando se havia ou não subordinação, se o trabalho era autônomo, eventual ou avulso, enfim, a modalidade da prestação de trabalho pactuada.

Como a modificação levada a efeito estava relacionada com a natureza da causa trazida à baila, isto é, com toda atividade humana dirigida a um determinado fim, fosse ela braçal ou intelectual, e não à espécie de leis que regia os contratos ou aspectos da Justiça a quem caberia o julgamento[218], a fundamentação da decisão judicial, baseada nos argumentos de que o representante comercial não estava submetido ao poder de direção do empregador e de que o representante exercia atividade empresarial, praticando atos do comércio com autonomia, não tornava o discurso racional possível, de acordo com o Estado Democrático de Direito, visto que o STF tinha infringido a regra de ouro da fundamentação consequencialista jurídica, consoante a qual a Constituição vigente era o limite extremo a ser considerado.

216 BRASIL, 1988.

217 DELGADO, Maurício Godinho. Curso de direito do trabalho. 6. ed. São Paulo: LTr, 2007. p. 285-286.

218 TAVARES, 2021, p. 981

É verdade que a Corte Suprema já tinha se manifestado a respeito da competência da Justiça do Trabalho na ADI 492/DF[219] e na ADI 3.395/DF[220], consignando que a expressão "trabalho" queria dizer "emprego". Contudo, assim como a interpretação realizada na ADI 492/DF e ADI 3.395/DF, a fundamentação consequencialista do RE 606.003/RS tinha sido reducionista, seja porque o legislador constituinte originário e o derivado não utilizaram o termo "trabalho" como sinônimo de "emprego", seja porque o inciso VIII do art. 170 da CF, ao tratar da busca do pleno emprego, demonstrou que o legislador constituinte sabia bem a diferença técnica entre trabalho e emprego, tendo utilizado o termo emprego quando quis, seja porque o representante comercial, atuando de forma pessoal, mantém relação de trabalho (que pode ser de emprego ou não) com cada uma das empresas que representa, seja porque o representante não exerce ato de comércio e sequer é comerciante, em virtude do comércio ser a atividade da pessoa jurídica representada e o trabalhador apenas o intermediário que, em nome da pessoa jurídica representada, vende os produtos para terceiros.

Para Grijalbo Fernandes Coutinho, a visão reducionista mencionada decorria da ótica do STF de que os magistrados do trabalho estavam fortemente influenciados por princípios trabalhistas que somente traziam prejuízos ao crescimento econômico[221], sendo que, para Felipe Bernardes, a Corte Suprema tinha adotado a premissa de que o Direito do Trabalho constituía "empecilho ao desenvolvimento econômico"[222].

---

219 BRASIL. Supremo Tribunal Federal. ADI 492. Relator: Ministro Carlos Velloso – Tribunal Pleno. DJ, 16 nov. 1992. Disponível em: <https://redir.stf.jus.br/paginadorpub/paginador.jsp?docTP=AC&docID=266382>. Acesso em: 08 ago. 2022.

220 BRASIL. Supremo Tribunal Federal. ADI 3.395. Relator: Ministro Alexandre de Moraes – Tribunal Pleno. DJe 1º jul. 2020. Disponível em: <https://portal.stf.jus.br/processos/downloadPeca.asp?id=15343623113&ext=.pdf>. Acesso em: 08 ago. 2022.

221 COUTINHO, 2021.

222 BERNARDES, 2021, p. 80.

Entretanto, ainda que os argumentos consequencialistas utilizados não tenham revelado o pseudoconsequencialismo político que os autores renomados indiciaram estar presente, a fundamentação consequencialista usada apontou que os magistrados constitucionais tinham manipulado a dogmática jurídica para redefinir e configurar a norma jurídica constitucional nos termos por eles objetivados, motivo pelo qual a solução judicial não era válida. Afinal, os limites à jurisdição constitucional foram postos pelo legislador constituinte justamente para delimitar o poder estatal, inclusive do Judiciário (e não para reduzir o alcance da expressão "trabalho").

Em relação ao **sétimo caso emblemático** da **ADC 58/DF** (relativa à constitucionalidade ou não da utilização do IPCA-E como índice de correção monetária dos débitos trabalhistas, acrescido de juros, pela Justiça do Trabalho), a decisão judicial consequencialista mostrou-se igualmente inválida. Isso porque, muito embora o cotejamento entre a assertiva de que o índice TR não garantia o valor real da moeda e era inadequado para corrigir os débitos trabalhistas, com os ditames do art. 406 do Código Civil e os dispositivos legais justificadores do índice SELIC, tenha sinalizado o fundamento consequencialista jurídico, os fundamentos de natureza política mostraram que era o pseudoconsequencialismo que tinha sido a grande mola justificadora da solução judicial.

De fato, num primeiro momento, parece até que o Supremo Tribunal Federal estava compatibilizando os efeitos da decisão judicial para evitar contradição, dentre outros, com o dispositivo do Código Civil, assim como aparentemente objetivava assegurar a coerência com princípio da igualdade de tratamento, de modo a evitar que os interesses individuais prosperassem sobre os interesses públicos, na medida em que foi afirmado que devia ser aplicado o mesmo critério de juros e correção monetária utilizado nas condenações de natureza civil em geral.

Porém, fixando o STF que, em relação à fase extrajudicial, devia ser utilizado como indexador o IPCA-E e que, em relação à fase judicial, a atualização dos débitos judiciais devia ser efetuada pela SELIC, a Corte mais uma vez rompeu com a regra de ouro da fundamentação consequencialista jurídica em razão de não ter observado a Constituição vigente como limite extremo a ser considerado (agora no que dizia respeito à separação de poderes), pois que os fundamentos se basearam em argumentos decorrentes de avaliação consequencialista que não considerou os ditames válidos do art. 883 da CLT e sequer ponderou os impactos de seu desrespeito. Pior, excluiu os juros de mora e afastou indiretamente a incidência do art. 883 da CLT, preconizados pelos legisladores ordinários pelo exercício do legítimo poder de legislar que lhes competia, sem que qualquer inconstitucionalidade ou pleito nesse diapasão tivesse sido deduzido, sem que a Reforma Trabalhista tivesse alterado o texto normativo do art. 883 da CLT e sem que a taxa SELIC tivesse deixado de conter mera expectativa inflacionária, demonstrando a incompatibilidade sistêmica que entendiam existir.

Outrossim, a invocação da crise pandêmica e econômica, aliada à asserção de que o panorama de correção dos débitos trabalhistas piorava consideravelmente no curso da pandemia do Coronavírus, em virtude da diminuição da circulação de capital e da retração econômica, e de que o modo de pensar mudava em função da evolução do quadro econômico e histórico, evidenciou que o discurso racional estava completamente distante do possível, de acordo com o Estado Democrático de Direito, pelo fato dos fundamentos políticos terem apontado que os direitos fundamentais sociais eram sobras constitucionais desvalorizadas que poderiam ser desconsideradas, alteradas ou manipuladas judicialmente.

Percebe-se que, apesar do Ministro relator ter se curvado ao entendimento da maioria quanto à inconstitucionalidade da TR, sua declaração no diapasão de que tinha dificuldades para afastar índices de atualização, elaborados com critérios econômicos, inclusive, porque tinha vivenciado no plano profissional, dentre outros, a formulação e implantação de planos econômicos, confirmou o pseudoconsequencialismo pelo emprego de convicções políticas e/ou visões pessoais de mundo e justiça do julgador relator e dos demais magistrados que o acompanharam, para não só redefinir e configurar a norma jurídica constitucional nos termos por eles objetivados, mas também para nivelar pessoas em situações distintas com a mesma régua de natureza econômica, tanto antes, durante e depois da pandemia.

O intuito de promover o bem-estar geral, segundo as convicções e visões pessoais dos julgadores, e garantir a menor eficácia aceitável das decisões de natureza trabalhista, restou também confirmado, dado que a fundamentação consequencialista política, no sentido de que as normas protecionistas e monopolistas de intervenção do Estado no domínio econômico, trazidas pela Constituição Federal de 1988, tinham sido alteradas de acordo com a nova política econômica, assim como de que a dívida trabalhista judicializada, dentro dos parâmetros de correção monetária fixados pelo TST, tinha assumido contornos extremamente vantajosos, demonstrou o fim de flexibilizar o direito à restituição integral, redefinindo o conteúdo do texto do *caput* do art. 944 do Código Civil.

Tudo isso somado à circunstância de que a comparação de três contas matemáticas com índices diversos foi manejada de modo distorcido para dar o ar de que a formalidade havia sido cumprida; de que não houve confronto das consequências que uma decisão poderia gerar, mas um fato consequencial com pensamentos valorativos; de que em nenhum momento foi avaliado que o crédito do trabalhador possuía natureza alimentar; de que a quantia já devia ter sido paga a tempo e modo como contraprestação dos direitos vilipendiados; e de que a pandemia também fazia parte do risco do negócio, somente ratifica que a decisão judicial consequencial foi contraditória às normas trabalhistas vigentes, bem como incoerente aos princípios e valores trabalhistas adotados pelo ordenamento jurídico, ao desconsiderar o teor material dos direitos fundamentais sociais trabalhistas.

Dessa forma, considerando que a Corte Suprema sequer considerou que o assunto mais recorrente na Justiça do Trabalho é a rescisão do contrato de trabalho, representando no ano de 2021, inclusive, o maior quantitativo de casos novos do Poder Judiciário, consoante o

Relatório Justiça em Números 2022 do CNJ[223], não haveria como tomar a decisão judicial estudada com válida, haja vista não ter analisado a realidade laboral em sua integralidade, pautando-se na eficiência econômica, a qual, no caso dos autos, ao fim e ao cabo, reduziu o conteúdo normativo dos direitos fundamentais sociais trabalhistas a pó.

No **oitavo conflito trabalhista emblemático** da **ADPF 336/DF** (referente à remuneração mínima do preso abaixo do salário mínimo) a situação também não foi diferente.

Conquanto o STF tenha confrontado várias previsões legais e constitucionais que evidenciaram a diferença da natureza e regime jurídico do trabalho do preso, em virtude das nuances, limitações e objetivos distintos entre o trabalho do preso e o trabalho da pessoa livre, o fato é que o art. 7º, IV, da CF, não estabeleceu qualquer exceção em relação ao valor do salário mínimo. Pelo contrário, além de preconizar que o valor do salário mínimo seria fixado em lei (a qual igualmente não previu qualquer exceção ao trabalho do preso), estipulou que era vedada sua vinculação para qualquer fim, o que, por si só, já impediria a ligação do valor do salário mínimo à situação do ser humano estar ou não estar preso ou, ainda, à política pública da execução penal, como levado a efeito pela Corte.

Aqui não se trata de defender a desobediência à política pública estabelecida diretamente pelo legislador ordinário em relação à execução penal da pena. Cuida-se de reconhecer que os magistrados novamente inobservaram a regra hermenêutica, de acordo com a qual as exceções devem estar expressamente previstas (o que não era o caso), bem como que a Corte infringiu a regra de ouro da fundamentação consequencialista jurídica por não ter observado a Constituição vigente como limite extremo a ser considerado, pondo em descrédito o consequencialismo jurídico neste particular.

---

223 BRASIL. Conselho Nacional de Justiça. Justiça em Números 2022. Disponível em: <https://www.cnj.jus.br/wp-content/uploads/2022/09/justica-em-numeros-2022.pdf>. Acesso em: 08 ago. 2022.

O Supremo Tribunal Federal até tentou ventilar a concepção de que a fundamentação consequencial tinha buscado a coerência da opção consequencial com o princípio da dignidade da pessoa humana e da isonomia, sob o argumento de que a política pública devia ser preservada em homenagem ao princípio democrático. Todavia, o fundamento e a homenagem caíram por terra, não só porque a distinção invocada entre a lógica econômica do trabalho do preso e do homem livre não estava excepcionalizada pelo texto normativo constitucional, mas também porque o legislador constituinte em nenhum momento afirmou que o salário mínimo, como base de cálculo, seria diferenciado pelo tipo de mão de obra livre ou presa, pouco importando se o detento tinha ou não sofrido acidente de trabalho típico ou por equiparação (doença do trabalho ou profissional).

Isso não significa dizer que o Estado não poderia descontar os gastos com a manutenção do preso quanto à educação, ao alojamento, à alimentação, ao vestuário e higiene, nos termos dos arts. 12, 14, 17, 29, § 1º, "d", e 88 da Lei n. 7.210/1984. O problema é que o discurso racional, visando a justificar a fixação da base de cálculo da remuneração do salário mínimo, mediante prévia tabela, em quantia não inferior a ¾, consoante preconizado pelo art. 29, *caput*, da Lei de Execução Penal, reduziu o alcance da proteção constitucional aos empregados, revelando distanciamento da fundamentação consequencialista jurídica possível, de acordo com o Estado Democrático de Direito, pelo fato do argumento ter apontado de novo que os direitos fundamentais sociais eram sobras constitucionais desvalorizadas ou de menor importância que poderiam ser desconsideradas, alteradas ou manipuladas judicialmente.

Para mais, tomando como pressuposto que a própria Corte Suprema conjurou que o trabalho interno exigia convênio dos empregadores particulares com o poder público para implantação de oficinas de trabalho, gerando custos para o empresário, e que o momento de crise econômica atual e o total de desempregados no país fazia-os questionar a quem seria imputável a violação à dignidade da pessoa humana do preso, caso ele ficasse sem trabalho, tendo em vista a maior onerosidade da contratação pela imposição judicial da exigência de salário mínimo uniforme entre detentos e não detentos, ficou patente a influência dos julgadores por suas convicções políticas e/ou concepções pessoais de mundo e justiça e, por conseguinte, o fundamento consequencialista de natureza política.

Portanto, não se mostra válida a solução judicial pautada na avaliação consequencialista deduzida, quer por conta do desrespeito aos ditames da própria constituição, quer porque houve pseudoconsequencialismo, tendo em vista a circunstância dos julgadores terem atuado como políticos a decidir como promover o bem comum, segundo a ótica particular dos magistrados constitucionais.

Por seu turno, no **nono conflito trabalhista emblemático** do **RE 635.546/MG** (concernente à possibilidade ou não de equiparação de direitos trabalhistas entre empregados da terceirizada e empregados públicos da tomadora de serviço), verifica-se mais uma vez que a Suprema Corte até cotejou a realidade jurisprudencial do STF com os princípios da atividade econômica (livre iniciativa e livre concorrência - art. 170, *caput* e inc. IV, CF), dando a entender que havia se esforçado para garantir a coesão da decisão com a jurisprudência da Corte e a coerência do decidido com o sistema jurídico vigente.

Entretanto, quanto a isso, convém ressaltar que o art. 7º da CF preconizou, respectivamente, dentre outros, a proibição de qualquer discriminação no tocante a salário (XXI) e de distinção entre trabalho manual, técnico e intelectual ou entre os profissionais respectivos (XXXII), da mesma maneira como determinou a igualdade de direitos entre o trabalhador com vínculo empregatício permanente e o trabalhador avulso (XXXIV), sem, contudo, que qualquer distinção ou exceção tivesse sido prevista especificadamente em relação ao empregado terceirizado. Longe disso, a ausência de qualquer exceção discriminatória, aliada à previsão de igualdade de direitos entre o empregado e o trabalhador avulso (sem vínculo de emprego com o tomador de serviço) e à circunstância da ordem econômica ter por escopo assegurar a existência digna do trabalhador (art. 170, *caput*, da CF), denotou que o legislador constituinte havia efetivamente proibido qualquer diferença remuneratória entre trabalhadores que estivessem executando as mesmas tarefas, junto ao mesmo tomador de serviços, independentemente da forma ou modelo contratual.

Nesse feito, entendendo o STF que os princípios da livre iniciativa e da livre concorrência garantiam ao empresário a decisão de terceirizar ou não parte das suas atividades para reduzir os gastos e/ou agregar novas técnicas, como também protegiam os empreendedores da possibilidade de que os valores de remuneração dos terceirizados fossem os mesmos dos empregados da tomadora de serviço (sob pena de limitar as escolhas do agente econômico sobre a maneira de estruturar sua produção), rompe-se outra vez com a regra hermenêutica, de acordo com a qual as exceções devem estar expressamente previstas (o que não era o caso), bem como a regra de ouro do fundamento consequencial jurídico, em virtude da Corte não ter respeitado a Constituição vigente como limite extremo a ser considerado.

Além do caso não versar sobre o mesmo tema tratado na ADPF 324/DF (atividade-fim e atividade-meio), as assertivas no sentido de que os princípios mencionados autorizavam que o empresário resolvesse como sua produção devia ser organizada e construída; e que tratando de empresas distintas, com possibilidades econômicas diferentes, não era possível que decisões e escolhas feitas pela tomadora de serviço, no campo remuneratório, fossem impostas às terceirizadas e vice-versa, retrataram que a fundamentação consequencial não tinha considerado os princípios e valores trabalhistas adotados pelo ordenamento jurídico e, muito menos, observado o teor material dos direitos fundamentais sociais trabalhistas.

Ao invés das repercussões da decisão serem analisadas sob o prisma da unidade de sentido que permeia o Estado Democrático de Direito e orienta a concepção de todos os princípios (inclusive trabalhistas), independentemente do grau de capitalismo adotado pela Constituição, qual seja, a dignidade da pessoa humana, a solução judicial preferiu usar como "chave mestra"[224] o princípio da livre iniciativa como se este fosse o grande sentido unificador do ordenamento jurídico, a ponto do próprio STF ter sinalizado que a situação do terceirizado era efetivamente inferior à do trabalhador contratado pela tomadora de serviços, ao alertar para que as empresas não fossem incentivadas a não terem obreiros permanentes[225].

Assim, ainda que, sob o ponto de vista consequencial, os magistrados constitucionais não tenham se valido de fundamentos políticos, é bom reiterar que os limites à jurisdição constitucional foram postos pelo legislador constituinte justamente para delimitar o poder estatal, inclusive do Judiciário, de tal sorte que admitindo a Suprema Corte que existissem duas categorias de trabalhadores cumprindo as mesmas tarefas, uma ganhando mais que a outra, dentro do mesmo lugar, não haveria como considerar válida a fundamentação da decisão judicial levada a efeito.

Por seu turno, no **décimo conflito trabalhista emblemático** da **ADI 5.766/DF** (relativo ao pagamento de honorários periciais e sucumbenciais em processos trabalhistas, quando os empregados destinatários tivessem obtido em juízo, inclusive em outro processo, créditos capazes de suportar a despesa, assim como o pagamento de custas, quando o empregado não comparecesse injustificadamente na audiência), vê-se que o STF confrontou os ditames dos arts. 790-B, *caput* e § 4º, e 791-A, § 4º, da CLT, com o dever de prestar assistência jurídica integral e gratuita aos comprovadamente sem recursos suficientes (art. 5º, LXXIV, da CF), para concluir, posteriormente, que os dispositivos obstruíam a efetiva fruição dos direitos sociais.

A compilação dos fundamentos mostrou que os julgadores tinham optado pela decisão judicial cujos efeitos guardavam coerência com os princípios e valores trabalhistas adotados pelo ordenamento jurídico e, por conseguinte, com o teor material dos direitos fundamentais sociais

224 COUTINHO, 2021, p. 458.

225 BERNARDES, 2021.

trabalhistas, na medida em que os magistrados constitucionais ponderaram que a Reforma Trabalhista tinha criado a presunção absoluta do término da hipossuficiência, sem qualquer prova de que o ganho era bastante para alterar a condição econômica do jurisdicionado, revelando desrazoabilidade e desproporcionalidade ante o dever constitucional de prestar assistência jurídica integral e gratuita aos comprovadamente sem recursos suficientes, assim como que as alterações impetradas pela Reforma Trabalhista, neste particular, impediam o exercício dos direitos sociais.

Na mesma linha de raciocínio, as autoridades judiciais avaliaram o art. 844, § 2º, da CLT, juntamente com as regras dos arts. 334, § 8º, e 98, § 4º, do CPC, e a força normativa do Princípio do Acesso à Justiça (art. 5º, XXXV, da CF) para assentar que não havia qualquer inconstitucionalidade ou excesso legislativo nessa questão de pagar as custas caso o empregado faltasse à audiência inaugural sem justificativa.

As justificativas no sentido de que o pagamento das custas pelo empregado era sanção razoável e proporcional, porque sua ausência injustificada frustrava o exercício da jurisdição e causava prejuízos materiais para o órgão judiciário e para a parte reclamada, representando desobediência dos deveres mínimos de boa-fé, cooperação e lealdade processual, bem como de que o reclamante tinha ignorado o seu dever de comparecimento, inviabilizando a continuidade da ação, e que o CPC previa multa de 2% do valor da causa, mesmo em caso de gratuidade, em caso de não comparecimento à audiência de conciliação em rito ordinário, confirmaram que a Corte Suprema tinha confrontado os impactos da decisão judicial com a realidade social, as normas trabalhistas e os princípios e valores trabalhistas vigentes no sistema.

Não havendo, pois, qualquer fundamentação de natureza política, mas tão somente discurso racional completamente válido, de acordo com o Estado Democrático de Direito, deve-se reconhecer a validade e adequação da decisão judicial proferida.

Já em relação ao **décimo primeiro conflito trabalhista emblemático** da **ADI 6.223/SP** (referente à constitucionalidade ou não da exclusão dos trabalhadores aprendizes do piso salarial regional), o Supremo volta a usar do fundamento consequencial de maneira inadequada. Isso porque, em que pese os magistrados tenham feito parecer que haviam compatibilizado o resultado da decisão judicial para manter a coesão, impedindo contradição com a Lei Federal n. 10.097/2000, assim como conservar a coerência com o Princípio da Igualdade material, observando-se os limites das igualdades, não se notou que o art. 7º, V, da CF, tinha fixado tão somente que o piso salarial seria proporcional à extensão e à complexidade do trabalho, sem, porém, que qualquer exceção tivesse sido prevista em relação ao trabalhadores aprendizes.

De fato, não bastasse a circunstância da unidade de sentido dos incisos XXI, XXXII e XXXIV do art. 7º da CF (que, respectivamente, proibiram qualquer discriminação quanto ao salário e entre trabalho manual, técnico e intelectual ou entre os profissionais respectivos, da mesma maneira como determinou a igualdade de direitos entre o trabalhador com vínculo empregatício permanente e o trabalhador avulso) haver revelado que o legislador constituinte tinha efetivamente proibido qualquer diferença remuneratória entre quaisquer trabalhadores, independentemente da forma ou modelo contratual, a inexistência de exceção discriminatória, somada à previsão de igualdade de direitos entre o empregado e o trabalhador sem vínculo de emprego (avulso) e à situação da ordem econômica ter objetivado proteger a existência digna do trabalhador (art. 170, *caput*, da CF), demonstrou que os trabalhadores aprendizes não podiam ser excluídos do piso salarial legal.

Outrossim, conquanto a Suprema Corte tenha consignado que a Lei Complementar n. 103/2000 tinha conferido uma faculdade aos Estados e ao Distrito Federal para que, discricionariamente, estabelecessem ou não os pisos salariais regionais, sem incluir obrigatoriamente os aprendizes entre os trabalhadores a serem beneficiados, não se pode olvidar que o diploma legal não podia ser considerado sob o prisma privado, como se os Estados e o Distrito Federal pudessem fazer tudo aquilo que a lei não proibia. Pelo contrário, tratando-se de Lei Complementar que havia delegado função legislativa a entes federados, o exercício da delegação devia ser levado a efeito "sem contraste com a lei" e "nos termos da autorização"[226].

Considerando, pois, o Supremo Tribunal Federal que o tratamento diferenciado previsto na Lei n. 12.640, de 11 de julho de 2007, do Estado de São Paulo, era compatível com a Constituição Federal, os julgadores não só novamente descumpriram a regra hermenêutica, de acordo com a qual as exceções devem estar expressamente previstas (o que não era o caso), mas também desrespeitaram a regra de ouro do fundamento consequencialista jurídico por não terem observado a Constituição vigente como limite extremo a ser considerado.

Pior, o cotejamento da concepção de que a desigualdade inconstitucional pressupunha norma que estabelecesse, de forma não razoável e arbitrária, tratamento específico para pessoas diversas, com a assertiva de que o contrato de aprendizagem visava a formação do jovem para o exercício de um ofício, com regime jurídico distinto, evidenciaram que a fundamentação consequencial jurídica não tinha considerado os princípios e valores trabalhistas adotados pelo ordenamento jurídico e, tampouco, observado o teor material dos direitos fundamentais sociais trabalhistas.

De novo, os magistrados constitucionais não pautaram sua análise sob a ótica da unidade de sentido que permeia o Estado Democrático de Direito e orienta a concepção de todos os princípios (inclusive trabalhistas), isto é, a dignidade da pessoa humana. Criaram, sim, duas categorias de trabalhadores, ou seja, os que teriam direito ao piso salarial legal e os aprendizes que não teriam tal direito, preferindo priorizar mais uma vez o princípio da livre iniciativa como se este fosse o grande sentido unificador do ordenamento jurídico.

Dessa forma, mesmo não tendo os magistrados constitucionais se valido de fundamentos políticos, os limites à jurisdição constitucional postos pelo legislador constituinte não foram cumpridos, na medida em

226 MARINELA, Fernanda. Direito Administrativo. 4. ed. Niterói/RJ: Impetus, 2010. p. 31.

que a fundamentação consequencial jurídica não considerou os princípios e valores trabalhistas adotados pelo ordenamento jurídico e, muito menos, observou o teor material dos direitos fundamentais sociais trabalhistas, razão pela qual não pode ser considerada válida a fundamentação consequencialista levada a efeito.

Finalmente, no **décimo segundo conflito trabalhista emblemático** da **ADI 5.625/DF** (concernente à contratação de profissionais de beleza na forma de pessoa jurídica – pejotização) a Corte Suprema manteve sua conduta de utilizar a fundamentação consequencial de modo impróprio, haja vista a circunstância dos argumentos terem decorrido da análise dos impactos da decisão judicial sem considerar os valores e princípios trabalhistas e com base em justificações preponderantemente políticas.

Aqui, muito embora o STF tenha invocado a substituição do império do vínculo empregatício como único regime jurídico a regrar o trabalho humano, por outras saídas econômicas nascidas no meio da comunidade, como uma das *ractio decidendi* da solução judicial consequencial jurídica, os julgadores não ponderaram sobre os impactos da ausência de coerência da decisão judicial quanto à força normativa dos princípios da função social da propriedade (art. 170, III, da CF) e da busca do pleno emprego (art. 170, VIII, CF), segundo os quais o ordenamento jurídico brasileiro não buscava que as empresas, mesmo salões de beleza, apenas obtivessem riqueza.

Para além dos limites impostos pelos legisladores constituintes, nos incisos III e VIII do art. 170 da CF, não terem sido respeitados pelos magistrados, e do salão de beleza sem empregado próprio não cumprir sua função social de promover o pleno emprego, a avaliação realizada pela Corte novamente não tomou a dignidade da pessoa humana como unidade de sentido que norteia o Estado Democrático de Direito e orienta a concepção de todos os princípios (inclusive trabalhistas), assim como sequer respeitou o princípio da proteção ao trabalhador (art. 7º, *caput*). Preferiu-se proteger a liberdade das empresas para o desenvolvimento de atividades econômicas com base no princípio da livre iniciativa e da livre concorrência.

A assertiva de que a norma combatida pressupunha igualdade contratual e de que, sendo parceiros ao invés de empregados, não estariam submetidos a limites de remuneração e nem a controle hierárquico do empregador, não só sinalizou que os julgadores tinham dotado o contrato de parceria escrito de presunção quase absoluta em relação ao que nele estivesse consignado, mas também que o princípio trabalhista da primazia da realidade não havia sido tomado como um dos critérios a serem utilizados quando da avaliação consequencialista. Ocorre, pois, a total desconsideração da grande quantidade de ações que buscavam (como até hoje buscam) o reconhecimento do vínculo de emprego, escondido sob o véu de outras formas de regimes de trabalho, a qual pode ser mensurada pelo assunto mais recorrente na Justiça do Trabalho (aviso prévio[227]), em virtude de tal verba rescisória, dentre outras hipóteses, ter como questão prejudicial o reconhecimento ou não do vínculo de emprego (que não possui categoria própria para fins estatísticos).

Outra vez, a função contramajoritária de assegurar o direito da minoria trabalhadora, frente interesses majoritários dos capitalistas, parece ter sido esquecida ao se colocar o ser humano trabalhador em segundo plano. Aliás, a utilização de fundamentos políticos, deixando extremante patente, dentre outros, que os produtos e serviços já não eram mais produzidos somente com a presença de um empresário e seus empregados, razão pela qual o princípio da valorização do trabalho não se concretizava apenas pelo modelo do vínculo de emprego, e que a solução econômica nascida no meio da comunidade profissional envolvida elevava a dignificação profissional dos trabalhadores do segmento da beleza, apontaram a influência dos julgadores por suas convicções políticas e/ou concepções pessoais de mundo e justiça, em virtude de atuarem como políticos para promover o bem comum.

227 BRASIL. Tribunal Superior do Trabalho. Relatório Geral da Justiça do Trabalho - 2021. Brasília/DF, 2022. Disponível em: <https://www.tst.jus.br/documents/18640430/30889144/RGJT+2021.pdf/16c678c9-7136-51ba-2d62-cae4c5a-4ab4d?t=1656603252811>. Acesso em: 08 ago. 2022.

O pseudoconsequencialismo ficou igualmente mais nítido ao se averiguar que a Suprema Corte novamente não observara os ditames dos arts. II e III da Convenção 117 da OIT de 1962, dado que os magistrados não se atentaram de que a elevação do nível de vida do trabalhador tinha que ter sido objetivo principal do planejamento do desenvolvimento econômico (e não a economia por si mesma), bem como de que todas as medidas práticas e possíveis deveriam ser tomadas, no planejamento do desenvolvimento econômico, de maneira a compatibilizar o desenvolvimento com a evolução saudável dos trabalhadores.

Como a escolha não colocou o homem trabalhador como a razão de ser e existir o ordenamento jurídico, como esperado pelo sistema jurídico brasileiro e pela Convenção 117 da OIT, dificultando, assim, o atendimento, inclusive, da meta 8.3 da Agenda 2030 da ONU, uma vez que o predomínio da economia sobre o trabalhador contribuiu para a não geração de emprego decente, conclui-se que a fundamentação consequencial não é válida por não ter sido apurada com base na teoria do possível, isto é, dentro do racionalmente estabelecido pelo Estado Democrático de Direito.

Ao fim e ao cabo, verifica-se que dos 12 casos emblemáticos em matéria trabalhista, 8 decisões judiciais (67%) foram consideradas inaceitáveis, seja porque não respeitaram aos limites do texto normal expresso da Constituição, seja porque não foram observados os valores e princípios de natureza trabalhista e, em decorrência, o teor material dos direitos fundamentais sociais trabalhistas.

A apuração revela que o Supremo Tribunal Federal tem se valido constantemente de pseudoconsequencialismo em conflitos trabalhistas. Isso, além de reduzir o campo de incidência e efetividade dos direitos fundamentais sociais trabalhistas na realidade cotidiana brasileira, fomenta o entendimento equivocado de que todos os magistrados se valem de fundamentação consequencialista para manipular o texto normativo e solucionar a lide de maneira arbitrária, sobretudo considerando que a maior parte dos fundamentos falaciosos foram invocados com base na crise econômica ou pandêmica.

Contudo, tal situação, por si só, não autoriza pressupor que o STF estaria usando de tal mecanismo com o intuito dirigido de descontruir o Direito do Trabalho e minar a Justiça do Trabalho, pois, se assim fosse, todas as decisões judiciais teriam sido tomadas como inválidas (o que não ocorreu, tanto que 33% das decisões foram consideradas válidas).

3.3 A UTILIZAÇÃO DE FUNDAMENTAÇÃO CONSEQUENCIAL POLÍTICA EM CONFLITOS TRABALHISTAS ENVOLVENDO SITUAÇÕES DE CRISE OU INOVAÇÕES

Apesar de cediço que o fundamento consequencialista jurídico em conflito trabalhista não deve ser contraditório com as normas trabalhistas vigentes e deve ser coerente com os princípios e valores trabalhistas adotados pelo ordenamento jurídico, respeitando o teor material dos direitos fundamentais sociais trabalhistas, o estudo dos casos emblemáticos demonstrou que o STF está invariavelmente utilizando o pseudoconsequencialismo em conflitos trabalhistas, sob o fundamento de que a crise econômica ou pandêmica exige tal tipo de entendimento.

Na verdade, desde os primórdios, a história sempre foi marcada por um vai e vem de crises econômicas, políticas, sociais e culturais, dentre outras. Instabilidades que ora faziam o direito caminhar para o futuro, ora regredir para o passado e ora permanecer inerte no presente sem acompanhar a velocidade das modificações sociais. Crises cuja extensão e profundidade da gravidade aumentaram com a complexidade da sociedade, a ponto de a necessidade passar a ser invocada em tempos obscuros para justificar o afastamento da constituição e outras normas.

Isso ocorreu no passado não tão longínquo. Quando questionada a constitucionalidade ou não do Decreto n. 2.100[228], de 20 de dezembro de 1996, editado pelo ex-presidente Fernando Henrique Cardoso

228 BRASIL. Decreto n. 2.100, de 20 de dezembro de 1996. Torna pública a denúncia, pelo Brasil, da Convenção da OIT n. 158 relativa ao Término da relação de Trabalho por Iniciativa do empregador. DOU, Brasília/DF, 23 dez. 1996. Disponível em: <https://www.planalto.gov.br/ccivil_03/decreto/1996/d2100.htm >. Acesso em: 08 ago. 2022.

para denunciar a Convenção n. 158 da OIT (que protegia a relação de emprego de dispensa arbitrária ou sem justa causa por iniciativa do empregador), foi asseverado por estudiosos que o Supremo Tribunal Federal devia se pautar pelo ensinamento do jurista francês George Ripert, atentando-se de que, caso o direito ignorasse a realidade, esta se vingaria ignorando o Direito[229].

Na contemporaneidade, o ápice da extensão e profundidade da gravidade da crise foi atingida pela pandemia do Coronavírus, a ponto de fazer outros estudiosos ressuscitarem o estado de necessidade como questão urgente de limite entre o direito e a política, lembrando os ensinamentos de Konrad Hesse para reafirmarem que a necessidade não conhecia princípio e, por conseguinte, que o texto constitucional devia ser amoldado ao "estado de necessidade ou estado de emergência"[230].

Tratar-se-iam de questões paradoxais que justificariam um estado de exceção como forma legal daquilo que não podia ter forma legal. Estado de exceção que não só apresenta o modelo de governo dominante na política atual, vacilando entre a democracia e o absolutismo, mas também autoriza a suspensão do ordenamento jurídico, ligando ou desligando o ser humano ao direito[231]. Não se estaria a falar, portanto, como muitos aventam, de um direito constitucional emergencial ou de um direito do trabalho emergencial, mas da suspensão total ou parcial da própria ordem jurídica.

---

229 ANJOS, Marco Aurélio dos. Quando o direito ignora a realidade, a realidade se vinga, ignorando o direito. Jusbrasil, 2016. Disponível em: <https://valfrandosanjos.jusbrasil.com.br/artigos/424769085/quando-o-direito-ignora-a-realidade-a-realidade-se-vinga-ignorando-o-direito>. Acesso em: 08 ago. 2022.

230 MENDES, Gilmar Ferreira. Jurisprudência de crise e pensamento do possível: caminhos constitucionais. Consultor Jurídico (Conjur), 11 abr. 2020. Disponível em: <https://www.conjur.com.br/2020-abr-11/observatorio-constitucional-jurisprudencia-crise-pensamento-possivel-caminhos-solucoes-constitucionais>. Acesso em: 08 ago. 2022.

231 AGAMBEN, Giorgio. Estado de exceção. Tradução de: Iraci D. Poleti. Revisão de: Daniela Jinkings. São Paulo: Boitempo, 2004. Disponível em: <https://www.academia.edu/15226471/AGAMBEN_Giorgio_Estado_de_excecao>. Acesso em: 08 ago. 2022.

Como ensinado por Giorgio Agamben, atribui-se à necessidade o poder de tornar lícito o que é ilícito. Isso porque a necessidade e a urgência passam a ser conjurados e evocados em tempos de crise para justificar o desrespeito e rompimento de uma norma constitucional ou ordinária, em relação a um caso concreto, por meio de uma exceção, sob o argumento, dentre outros, de que a constituição não poderia ser usada como obstáculo, e sim porta de solução para a crise, assim como que os legisladores constituintes não podiam imaginar o cenário catastrófico e que as instabilidades exigiam compatibilização do texto normativo com a realidade e não mera leitura fria da lei.

Necessidade que, ao ser tomada como uma teoria da exceção, para afastar um litígio concreto do dever de obediência à constituição e à lei, sob o fundamento de que, naquela situação de crise, nem a constituição e nem a lei, caso aplicadas, atenderiam a centralidade da pessoa humana do ordenamento jurídico, por desproteger o cidadão (ao invés de proteger), transfigura que o Estado Juiz podia ignorar e infringir facilmente o ordenamento jurídico de modo a impor o padrão de solução consequencial de acordo com a convicção do julgador.

Além de tal situação demonstrar que esse tipo de atuação colocava o Estado Juiz fora dos limites jurídicos, bem como que o indivíduo deixava de ser sujeito de direito e passava a ser objeto de direito, haja vista a ausência de força suficiente para se opor ao poder da ação do Estado para fazer valer o seu direito subjetivo, a teoria da necessidade ou da exceção coloca o direito à disposição do poder e, em decorrência, que o estado de exceção seja a regra. Ou seja, não que o direito esteja sempre suspenso, mas sim que pode ser suspenso a qualquer momento para fazer prosperar o entendimento ou ordem do julgador[232].

232 SIMON, Henrique Smidt. A tensão entre constitucionalismo e exceção: a ordem estatal sobreposta aos direitos fundamentais. Revista Direito, Estado e Sociedade da PUC-Rio, n. 49, jul./dez. 2016. Disponível em: <http://direitoestadosociedade.jur.puc-rio.br/media/Direito%2049_artigo%202,2.pdf>. Acesso em: 08 ago. 2022.

Sim, como em todas as constituições, a Constituição brasileira também prevê hipóteses de suspensão ou restrição aos limites impostos ao poder estatal pelos direitos fundamentais. Entretanto, isso não quer dizer que as hipóteses do Estado de Defesa (art. 136 da CF) e do Estado de Sítio (arts. 137 a 139 da CF) abram espaço ou autorização para que os magistrados, diante da extensão e profundidade da gravidade da crise, instituam um estado de exceção e restrinjam ou reduzam direitos sociais fundamentais, inclusive trabalhistas, por questões e convicções políticas. Pelo contrário, além de tais hipóteses não estabelecerem nenhuma exceção aos direitos fundamentais sociais trabalhistas, as proposições foram bem delineadas pelo legislador constituinte, afora o Poder Executivo ser controlado pelo Legislativo e pelo Judiciário.

Percebe-se claramente que não se está a tratar igualmente das funções de governo da Suprema Corte, quando, cumprindo seus fins primários de direção, por exemplo, o STF fixa as ações permitidas e as exigidas do Estado em relação aos direitos fundamentais, assim como as condições que devem ser executadas pelo Poder Público para proteger/garantir a efetividade de tais direitos. Aqui, o Estado não obedece aos limites que o próprio Direito lhe impôs e, ao verificar que está adstrito às regras e normas, utiliza do seu poder para redefinir, reestruturar e manipular o Direito para atingir os fins que se busca. Passa, então, a usar da lógica do estado de exceção dentro dos ditames legais para flexibilizar os limites constitucionais para aumentar o controle sobre a concretização da norma do caso em tempos de crise.

Em outras palavras, o Estado Juiz passa a se valer dos ditames do art. 20 da Lei n. 13.655 (LINDB), de 25 de abril de 2018, o qual proibiu expressamente que sentenças e acórdãos fossem proferidos com base em valores jurídicos abstratos, sem que a avaliação das consequências práticas da decisão fosse levada a efeito, para, como uma revolução, prover e concretizar um ordenamento jurídico, fora dos limites constitucionais.

Ora, como salientando em outro momento, os limites constitucionais não admitem que o STF utilize de um fundamento político para incrementar o discurso judicial para que as decisões ampliem os poderes de ingerência dos magistrados no campo político para dirigir o Estado e as políticas legislativas, de maneira que participem da elaboração e/ou concretização de políticas públicas, segundo suas convicções políticas e/ou visões pessoais de mundo e justiça.

Argumentos retóricos que escondem fins de natureza política, como, por exemplo, que a realidade não conhece princípio, que o Direito se vinga quando a realidade é ignorada e que a necessidade não conhece nenhuma lei, mas cria a sua própria norma, não podem justificar a utilização de fundamentação consequencial de cunho político. Isso porque, além da necessidade não ser fonte formal do Direito e, muito menos, possuir, por si só, poder para invalidar ou suspender um texto constitucional ou legal, eventual acolhimento da concepção de que a necessidade agiria para além do texto constitucional, para autorizar soluções judiciais inconstitucionais, ilegais ou falaciosamente constitucionais e legais, acabaria destruindo a democracia e, em decorrência, o Estado Democrático de Direito, em vez de protegê-lo, já que o Estado-Juiz estaria atuando como se legislador constituinte ou ordinário fosse (sem a devida legitimação do verdadeiro detentor do poder – os cidadãos brasileiros).

Não significa, porém, que o magistrado deva fechar os olhos para a realidade e ser uma pessoa insensível. Significa que, mesmo diante da inexistência de direitos fundamentais absolutos, a necessidade não deve ser invocada e utilizada para desrespeitar balizas e limites constitucionais, mas servir de norte para que, cotejando a realidade dos fatos com os valores e princípios constitucionais, a escolha dos efeitos da decisão seja adequada para a atingir o resultado a ser produzido, sem infringir o texto normativo e sem causar grandes impactos à realidade social, possibilitando que as vantagens dos efeitos da escolha superem as desvantagens.

Nesse sentido, considerando que a fundamentação consequencial jurídica não pode desatender aos valores e princípios essenciais do Direito do Trabalho, estruturantes do Estado Democrático de Direito, por servirem de limites de opção para a verificação dos efeitos da decisão, fica confirmado que os direitos fundamentais sociais trabalhistas constituem uma base jurídica de resistência contra arbitrariedades políticas, abusos econômicos e desigualdade social. Limites que não se coadunam com fundamentos políticos que venham a ser invocados para reduzirem sua incidência e seu campo de abrangência, ante a imposição da noção de mínimo existencial que impossibilita a prevalência de raciocínios absolutistas que endossem apenas soluções em prol da liberdade de mercado e dos agentes econômicos, como se não houvesse desigualdade material entre o empreendedor e o empregado.

Deve-se reiterar que os princípios essenciais do Direito do Trabalho têm um caráter fundante e estruturante do Estado Democrático de Direito por serem espécie de modelo limitador do poder que exterioriza a existência de uma base jurídica e um teor normativo com peso material próprio que não podem ser desconsiderados. Base do Estado de Direito Constitucional democrático regido pelo princípio da decisão majoritária que, todavia, não admite fundamento consequencial laboral para deteriorar ou prejudicar as forças contramajoritárias.

Nem mesmo as inovações advindas com a inteligência artificial profunda, bem como o trabalho em plataformas e a prestação de serviços realizados por meio telemáticos, modificaria esse raciocínio. A uma, porque os limites constitucionais e a centralidade do ordenamento jurídico continuariam sendo os mesmos. A duas, porque a complexidade da sociedade necessariamente precisaria ser considerada para que os julgadores se atentassem de que a subordinação do empregado ao empregador não se faz mais atualmente pela presença física, no antigo sistema fordista. A três, porque a Constituição brasileira exige que a função social da propriedade observe a proteção do ser humano em face da automação. A quatro, porque, se a própria Constituição resolveu proteger expressamente os direitos trabalhistas dos trabalhadores avulsos (que não são empregados), caberia aos legisladores constituintes derivados, em nome do princípio da não piora da condição social, catalogar os mesmos direitos aos trabalhadores dos novos tempos, ainda que não empregados.

Assim, enquanto o ser humano for a razão de ser e existir do ordenamento jurídico, a fundamentação consequencialista jurídica trabalhista somente será considerada integralmente compatibilizada com Estado Democrático de Direito, se o julgador, diante de um *hard case* envolvendo direito fundamental social trabalhista, prolatar decisão judicial adequada e coesa às normas trabalhistas vigentes, assim como coerente aos princípios e valores trabalhistas adotados pelo ordenamento jurídico, razão pela qual não se pode admitir qualquer visão ou solução reducionista pautada por justificativas políticas.

CONCLUSÃO

A força da evolução dos tempos traz consigo modificações porque o ser humano e sua história não são imóveis e estagnados por natureza. As pessoas andam sempre para frente, procurando aprimorar seus conhecimentos e as tecnologias disponíveis. A Era Digital tornou esse andar da carruagem mais célere e contribuiu para que as alterações ocorressem com maior rapidez e complexidade.

Nessa nova realidade, mesmo sem a mesma velocidade e constância, o Direito também sofre modificações e passa a conter termos abertos e princípios de baixa densidade normativa para tentar englobar a maior possibilidade de situações ante a impossibilidade de que a produção legislativa acompanhe a corrida da vida. O processo lógico-formal de subsunção (dedução) já não dá mais cabo de resolver todos os conflitos de interesses trazidos à baila e, por conseguinte, surge uma nova concepção do Direito, pautada na ideia de que o texto normativo deve ter seu conteúdo concretizado (a normatividade) pelas decisões judiciais.

A fundamentação consequencialista jurídica é justamente um desses mecanismos de concretização. Não sendo mera interpretação, mas fundamento que incrementa o discurso judicial para que as decisões façam sentido na realidade e no sistema jurídico, a fundamentação consequencialista toma a realidade como elemento externo de conformação do conteúdo da norma de um caso concreto, de maneira que o julgador possa avaliar, após o confronto dessa realidade com as normas vigentes e os valores e princípios adotados pelo ordenamento jurídicos, se os impactos da decisão judicial fundada em uma determinada consequência são válidos ou não.

Não se trata, portanto, de utilitarismo ou pragmatismo jurídico. Isso porque as decisões não são tomadas com o escopo de promover o bem-estar de todos e não o egoísmo de uma única pessoa, tampouco como instrumento de alcançar fins sociais. A nova acepção de direito e o fundamento consequencialista jurídico não adotam a tese de que os fins justificam todos os meios, com total desconsideração aos valores assumidos constitucionalmente pelo país, e sequer admitem o descumprimento do texto expresso da lei ou a criação de conteúdo normativo completamente desconectado do sistema jurídico vigente para promover fins sociais.

Vê-se que a fundamentação consequencialista não pode ser um ato de conhecimento porque, além desse elemento externo das repercussões da decisão não ser dado pelo texto normativo, a consequência mais adequada à realidade, integrante e constituidora do conteúdo normativo nunca emanará da intenção ou vontade do legislador constituinte e, muito menos, do próprio texto. A consequência mais adequada à realidade, integrante e constituidora do conteúdo normativo será produto das reflexões e da compreensão avaliativas do magistrado sobre o texto da norma em cotejo com a realidade social do lugar, do tempo em que o conflito ocorre e da história e da cultura vivenciadas pela sociedade, revelando tratar-se de um ato constitutivo de vontade e de poder.

Dada a relevância do tema e sua incidência prática, o consequencialismo não só passa a ser estudado, como também acaba sendo adotado pela Corte Suprema brasileira. Entretanto, o STF não assume ou abriga especificadamente uma das teorias consequenciais (MacCormick, Wróblewski ou Feteris), conquanto se aproxime dos três estudiosos no que concerne ao respeito e cumprimento à norma vigente e válida, ficando a análise consequencialista para os casos difíceis, justamente para possibilitar que os casos mais fáceis sejam resolvidos pelo processo lógico-formal de subsunção (dedução), com respeito ao fixado validamente pelo Poder Legislativo.

De fato, partindo-se da premissa que um caso complexo (um *hard case*) nunca terá uma única resposta correta, em virtude do Direito não ser uma ciência exata (como a matemática), mas uma ciência humana, é possível constatar que o fundamento consequencialista jurídico, também conhecido como intrajurídico ou interno, não resulta da escolha entre as alternativas de interpretação sobre o mesmo texto normativo, mas de um discurso jurídico racional que, visando a impedir contradição com normas jurídicas válidas (coesão), bem como a manter a coerência com os valores e princípios assumidos pelo ordenamento jurídico, verifica qual o efeito da decisão judicial que deve prosperar como válido dentre os vários possíveis.

Por sua vez, na fundamentação consequencialista política, a questão material trazida à baila não é política. Aqui, usa-se o fundamento político para incrementar a argumentação judicial para que as decisões façam sentido no mundo real, depois da verificação e da comparação das alternativas opostas dos possíveis efeitos políticos que a sentença ou acórdão podem gerar. Busca-se justificar racionalmente e coerentemente à sociedade as razões pelas quais a decisão tenha ou não sido proferida em determinado sentido, diante dos efeitos políticos que poderiam ser causados, de modo a garantir a manutenção e não o prejuízo do bem-estar geral da coletividade.

Ocorre que, por ser um ato de escolha volitiva, invariavelmente pode acontecer do fundamento ser invocado como argumento teórico de veracidade ou falsidade para aceitar ou negar a repercussão da decisão (em que pese o fundamento consequencial não seja baseado em provas), bem como ser utilizado sem diferenciar os efeitos práticos da decisão das próprias justificações valorativas ou usar consequências políticas para justificar escolhas jurídicas. Nesses casos, tem-se o fundamento consequencialista dissimulado, falacioso ou distorcido.

No pseudoconsequencialismo ou consequencialismo dissimulado, ao invés do magistrado produzir decisões judiciais que, nos casos fáceis, estariam expressamente autorizadas pela lei e, nos casos difíceis, resultariam da averiguação das consequências passíveis de serem provocadas pela decisão, considerando inclusive valores ou fins públicos consagrados em normas principiológicas, ele se afasta do direito posto, passando a atuar como político e a decidir para promover o bem comum, principalmente em época de graves crises políticas e emergenciais, segundo suas convicções políticas e visão pessoal de mundo.

Diante de tal risco, como se trata de um fundamento que aumenta a complexidade da decisão por compatibilizar a avaliação da realidade com o texto normativo, a justificação das razões pelas quais as alternativas de consequências não autorizam solução diferente mostra que a fundamentação consequencialista jurídica só pode ocorrer no campo do possível, ou seja, dentro do que é aceitável racionalmente dentro do Estado Democrático de Direito. Estado Democrático de Direito que é o limite e, por conseguinte, o pressuposto constitucional a ser observado na concretização do direito por meio do fundamento consequencialista, inclusive em relação às valorações, convicções ou ponderações utilizadas para justificar a decisão do caso concreto.

Limite extremo, porém, que não exclui eventual decisão judicial que ocasionalmente não resulte do próprio texto literal da constituição, até porque os *hard cases* englobam, dentre outros, as demandas que decorrem da aplicação de princípios, os quais possuem baixa densidade normativa. Contudo, limite que abarca os próprios direitos fundamentais e que, por isso, em relação à fundamentação consequencial, exerce a função contramajoritária, vez que assegura a existência de um posicionamento jurídico contra a decisão política da maioria.

Isso não quer dizer que o fundamento consequencialista jurídico proíba ou limite a atuação do Poder Judiciário no âmbito político funcional governativo, onde se tem certa discricionariedade. O consequencialismo não trata dessa discricionariedade fundada em razões de interesse público que se transmuda em função de índole política. O que se quer consignar é que os limites constitucionais não admitem que o STF utilize de um fundamento político para incrementar a argumentação judicial para que as decisões ampliem os poderes de ingerência dos magistrados no campo político para dirigir o Estado e as políticas legislativas, de maneira que participem da elaboração e/ou concretização de políticas públicas, segundo suas convicções políticas e/ou visões pessoais de mundo e justiça, prejudicando exatamente o bem-estar geral que se buscava promover.

É por isso que, nesse particular, a fundamentação consequencialista se imbrica com o ativismo judicial, pois ocorre ativismo judicial todas as vezes que a função jurisdicional é exercida para além dos limites impostos pelo ordenamento vigente, ou seja, sem a observância dos valores basilares da ordem pública do Estado Democrático de Direito. Não que se esteja propondo a substituição da arbitrariedade subjetiva pela discricionariedade consequencialista. Não é isso. Cuida-se de permitir que os ditames da fundamentação consequencialista previstos na LINDB sejam cumpridos de maneira objetiva e racional, de modo que o julgador observe as limitações constitucionais caso venha a se valer de fundamentos consequencialistas.

Ressalte-se que o § 2º do art. 3º do Decreto n. 9.830, de 10 de junho de 2019, ao estabelecer que o julgador deveria apresentar a indicação das consequências práticas da decisão sob a ótica jurídica e fática, transfigurou não só que o art. 20 da LINDB não admitira a impossibilidade de que o fundamento consequencialista fosse invocado sob o prisma político, mas também a indispensabilidade de que a autoridade judicial exteriorize em suas manifestações, sem economia, as razões pelas quais a decisão abarcou tal linha consequencial e não abrangeu tais efeitos, para garantir tratamento igual aos litigantes, de modo que tanto o beneficiário como o não vencedor da demanda saibam o que motivou o resultado da decisão e possibilite a ampla defesa e o contraditório recursal por parte dos que se sentiram prejudicados.

Além disso, o plexo normativo do art. 5º e do *caput* e § único do art. 20, todos da LINDB, com o art. 3º e seus parágrafos do Decreto n. 9.830, de 10 de junho de 2019 (que regulamenta a LINDB), sinalizou a possibilidade de se valer do princípio da proporcionalidade caso houvesse eventual conflito entre princípios constitucionais, situação em que se deveria respeitar e fazer prevalecer um princípio ao outro, sem, contudo, que isso macule a essência ou núcleo principal do outro princípio. Proporcionalidade que exige adequação, exigibilidade e análise de custo-benefício da providência almejada.

Nesse sentido, como os direitos trabalhistas são espécies de direitos fundamentais sociais de segunda geração, constituídos fortemente por base principiológica e alguns termos de linguagem aberta e elástica pela baixa densidade normativa, é manifesto que os direitos trabalhistas preconizados constitucionalmente se relacionam com o fundamento consequencialista, porque diante dos casos difíceis, há necessidade de que o conteúdo dos textos normativos seja concretizado, mediante a avaliação dos efeitos da decisão judicial na vida real da sociedade em confronto com outras normas vigentes, princípios e valores essenciais do Direito do Trabalho adotados pelo ordenamento jurídico.

Mais do que isso, o conteúdo e princípios essenciais ao Direito do Trabalho não podem ser desconsiderados no momento da fundamentação e da análise das consequências, em virtude de servirem de limites de escolha para avaliação dos impactos da decisão. Isso por causa dos direitos fundamentais sociais trabalhistas formarem uma base jurídica de resistência contra todos os tipos de desrespeito político, abusos econômicos e desigualdade social, bem como impingirem a noção de mínimo existencial que pressupõe um valor mínimo para sua fundamentação que somente estará presente se a solução do litígio garantir uma vida digna para o trabalhador.

Contudo, após a análise dos 12 conflitos trabalhistas emblemáticos, 8 decisões judiciais (67%) foram consideradas inválidas, seja porque não respeitaram os limites do texto normal expresso da Constituição, seja porque não foram observados os valores e princípios de natureza trabalhista e, em decorrência, o teor material dos direitos fundamentais sociais trabalhistas.

Revelou-se que o STF tem se valido constantemente de pseudo-consequencialismo em conflitos trabalhistas, reduzindo o campo de incidência e efetividade dos direitos fundamentais sociais trabalhistas na realidade cotidiana brasileira, afora fomentar o entendimento equivocado de que todos os magistrados se valem de fundamentos consequencialistas para manipular o texto normativo e solucionar a lide de maneira arbitrária, sobretudo considerando que a maior parte dos fundamentos falaciosos foram invocados com base na crise econômica ou pandêmica.

Pior, constata-se a invocação da necessidade como fonte formal para imposição do estado de exceção, de modo a afastar um litígio concreto do dever de obediência à constituição e à lei, sob o fundamento de que, naquela situação de crise, nem a constituição e nem a lei, caso aplicadas, atenderiam a centralidade da pessoa humana do ordenamento jurídico, por desproteger o cidadão (ao invés de proteger). Estado de exceção que mostra o poder do Estado Juiz para ignorar e infringir facilmente o ordenamento jurídico, de maneira a impor o padrão de solução consequencial de acordo com a convicção do julgador.

Tal excepcionalidade colocava o Estado Juiz fora dos limites jurídicos, bem como deixava o indivíduo de ser sujeito de direito. Pelo contrário, o cidadão trabalhador passava a ser objeto de direito, haja vista a ausência de força suficiente para se opor ao poder da ação do Estado para fazer valer o seu direito subjetivo. Não que o direito esteja sempre suspenso, mas ele pode ser suspenso a qualquer momento para fazer prosperar o entendimento ou ordem do julgador.

Portanto, apesar de alguns acórdãos do STF evidenciarem verdadeiro estado de exceção ao afastarem o texto expresso da Constituição ou da CLT, tal prática não se compatibiliza com a fundamentação consequencial jurídica, quer porque o fundamento consequencialista deve desatender aos valores e princípios essenciais do Direito do Trabalho, estruturantes do Estado Democrático de Direito, quer porque estes servem de limite de opção para a verificação dos efeitos da decisão, confirmando que os direitos fundamentais sociais trabalhistas constituem uma base jurídica de resistência contra arbitrariedades políticas, abusos econômicos e desigualdade social, ou porque a noção de mínimo existencial impossibilita a prevalência de raciocínios absolutistas que endossam apenas soluções em prol da liberdade de mercado e dos agentes econômicos.

Assim, enquanto o ser humano for a razão de ser e existir do ordenamento jurídico, a fundamentação consequencialista jurídica trabalhista somente será considerada integralmente compatibilizada com Estado Democrático de Direito e, por conseguinte, aceitável, se o julgador, diante de um *hard case* envolvendo direito fundamental social trabalhista, prolatar decisão judicial adequada e coesa às normas trabalhistas vigentes, assim como coerente aos princípios e valores trabalhistas adotados pelo ordenamento jurídico.

REFERÊNCIAS

AGAMBEN, Giorgio. **Estado de exceção**. Tradução de Iraci D. Poleti. Revisão de Daniela Jinkings. São Paulo: Boitempo, 2004. Disponível em: <https://www.academia.edu/15226471/AGAMBEN_Giorgio_Estado_de_excecao>. Acesso em: 08 ago. 2022.

ALEXY, Robert. **Teoria Discursiva do Direito**. Organização Alexandre Travessoni Gomes Trivisonno. 3. ed. Rio de Janeiro: Forense, 2019.

ALVES, Amauri Cesar. Função capitalista do direito do trabalho no Brasil. **Revista LTr,** ano 77, n. 9, p. 1067-1082, set. 2013.

AMADO, Juan Antonio Garcia. Del método jurídico a las teorías de la Argumentación. **Anuario de Filosofiadelm,** 1986. Disponível em: <https://dialnet.unirioja.es/descarga/articulo/142099.pdf'>. Acesso em: 04 dez. 2021.

AMARAL, Antonio Carlos Rodrigues do. O juiz-legislador: consequencialismo e a constituição à la carte no brasil - a democracia e a necessária restauração do equilíbrio entre os poderes da república. In: MARTINS, Ives Gandra da Silva (coord.); CHALITA, Gabriel (coord.); NALINI, José Renato (coord.). **Consequencialismo no Poder Judiciário**. Indaiatuba/SP: Editora Foco, 2019.

ANDRADE, Fábio Martins de. As cláusulas pétreas como instrumentos de proteção dos direitos fundamentais. **Revista de Informação Legislativa**, ano 46, n. 181, p. 207-226. Brasília: Senado Federal, Subsecretaria de Edições Técnicas, jan./mar. 2009. p. 208. Disponível em: <https://www12.senado.leg.br/ril/edicoes/46/181/ril_v46_n181_p207.pdf>. Acesso em: 08 ago. 2022.

ANJOS, Marco Aurélio dos. Quando o direito ignora a realidade, a realidade se vinga, ignorando o direito. **Jusbrasil,** 2016. Disponível em: <https://valfrandosanjos.jusbrasil.com.br/artigos/424769085/quando-o-direito-ignora-a-realidade-a-realidade-se-vinga-ignorando-o-direito>. Acesso em: 08 ago. 2022.

ANSCOMBE, Gertrude Elizabeth Margaret. Modern Moral Philosophy. **The Journal of the Royal Institute of Philosophy,** vol. XXXIII, n. 124, jan. 1958. Disponível em: <https://www.cambridge.org/core/journals/philosophy/article/modern-moral-philosophy1/9E56836F22C34BE2CE4A3E763691C2FB#>. Acesso em: 10 ago. 2022.

ATIENZA, Manuel. **Curso de argumentação jurídica**. Tradução: Claudia Roesler. 1. ed. Curitiba: Alteridade, 2017.

BARROS, Alerrandre. **Desemprego aumenta para 11,6 no trimestre encerrado em fevereiro**. Disponível em: <https://agenciadenoticias.ibge.gov.br/agencia-noticias/2012-agencia-de-noticias/noticias/27260-desemprego-aumenta-para-11-6-no-trimestre-encerrado-em-fevereiro>. Acesso em: 22 fev. 2021.

BARROSO, Luís Roberto. Neoconstitucionalismo e constitucionalização do Direito. O triunfo tardio do Direito Constitucional no Brasil. **Jus,** 01 nov. 2005. Disponível em: <https://jus.com.br/artigos/7547/neoconstitucionalismo-e-constitucionalizacao-do-direito>. Acesso em: 08 ago. 2022.

______. **A judicialização da vida e o papel do Supremo Tribunal Federal**. 2. reimp. Belo Horizonte: Fórum, 2018.

______. **Curso de direito constitucional contemporâneo:** os conceitos fundamentais e a construção do novo modelo. 7. ed. São Paulo: Saraiva Educação, 2018.

______. **Sem data venia:** um olhar sobre o Brasil e o mundo. 1. ed. Rio de Janeiro: História Real, 2020.

BELMONTE, Alexandre Agra. Consequencialismo, pragmatismo, tecnologia e análise econômica do direito: tendências no judiciário brasileiro. **Revista LTr,** São Paulo, ano 86, n. 3, p. 315-323, mar. 2022.

BENGOETXEA, Joxerramon. Una defensa del consecuencialismo en el derecho. **Universidad del País Vasco,** Donostia, Vol. II, n. 2, dez. 1993, p. 31-68. Disponível em: <https://pt.scribd.com/doc/244518434/Bengoetxea-Una-defensa-del-consecuencialismo-en-el-Derecho-pdf>. Acesso em: 24 maio 2022.

BERNARDES, Felipe. **O Direito do Trabalho no Supremo Tribunal Federal**. Salvador: Editora Juspodivm, 2021.

BRASIL. Banco Central do Brasil. Fechamento de empresas na pandemia. **Estudo especial n. 99/2021.** Disponível em: <https://www.bcb.gov.br/conteudo/relatorioinflacao/EstudosEspeciais/EE099_Fechamento_de_empresas_na_pandemia.pdf>. Acesso em: 08 ago. 2022.

______. Conselho Nacional de Justiça (CNJ). **Justiça em Números 2020**. Disponível em: <https://www.cnj.jus.br/wp-content/uploads/2020/08/WEB-V3-Justi%C3%A7a-em-N%C3%BAmeros-2020-atualizado-em-25-08-2020.pdf>. Acesso em: 22 fev. 2021.

______. Câmara dos Deputados (Comissão de Constituição e Justiça e de Cidadania). **Voto do relator sobre o Projeto de Lei n. 7.448, de 2017**. Relator: Deputado Paulo Abi-Ackel. 15 set. 2017. Disponível em: <https://www.camara.leg.br/proposicoesWeb/prop_mostrarintegra;jsessionid=node01u3nchizpf65b1abo0fqneg2i94114665.node0?codteor=1598338&filename=Tramitacao-PRL+1+CCJC+%3D%3E+PL+7448/2017>. Acesso em: 08 ago. 2022.

______. Conselho Nacional de Justiça. **Resolução n. 60, de 19 de setembro de 2008**. Institui o Código de Ética da Magistratura Nacional. DJE/CNJ n. 57/2008, 30 set. 2008. Disponível em: https://atos.cnj.jus.br/atos/detalhar/127. Acesso em: 21 maio 2022.

______. Conselho Nacional de Justiça. **Resolução n. 423, de 05 de outubro de 2021**. Altera a Resolução CNJ nº 75/2009, que dispõe sobre os concursos públicos para ingresso na carreira da magistratura em todos os ramos do Poder Judiciário nacional. DJE/CNJ n. 259/2021, 6 out. 2021. Disponível em: <https://atos.cnj.jus.br/atos/detalhar/4147>. Acesso em: 21 maio 2022.

______. Conselho Nacional de Justiça. **Justiça em Números 2022**. Disponível em: <https://www.cnj.jus.br/wp-content/uploads/2022/09/justica-em-numeros-2022.pdf>. Acesso em: 08 ago. 2022.

______. Constituição (1934). **Constituição da República Federativa do Brasil**. Rio de Janeiro, RJ: Presidência da República. Disponível em: <http://www.planalto.gov.br/ccivil_03/constituicao/constituicao34.htm>. Acesso em: 08 ago. 2022.

______. **Constituição da República Federativa do Brasil (1988)**. Brasília, DF, 1988. Disponível em: <http://www.planalto.gov.br/ccivil_03/_ato2015-2018/2015/lei/l13105.htm>. Acesso em: 08 ago. 2022.

______. **Emenda Constitucional n. 45, de 30 de dezembro de 2004.** DOU, Brasília, 31 dez. 2004. Disponível em: <http://www.planalto.gov.br/ccivil_03/constituicao/emendas/emc/emc45.htm>. Acesso em: 08 ago. 2022.

______. **Decreto n. 2.100, de 20 de dezembro de 199**6. Torna pública a denúncia, pelo Brasil, da Convenção da OIT n. 158 relativa ao Término da relação de Trabalho por Iniciativa do empregador. DOU, Brasília, 23 dez. 1996. Disponível em: <https://www.planalto.gov.br/ccivil_03/decreto/1996/d2100.htm>. Acesso em: 08 ago. 2022.

______. **Decreto n. 9.830, de 10 de junho de 2019**. Regulamenta o disposto nos art. 20 ao art. 30 do Decreto-Lei n. 4.657, de 04 de setembro de 1942, que institui a Lei de Introdução às Normas do Direito Brasileiro. Disponível em: <http://www.planalto.gov.br/ccivil_03/decreto-lei/del4657compilado.htm>. Acesso em: 13 jun. 2022.

______. **Decreto n. 10.088, de 5 de novembro de 2019**. Consolida atos normativos pelo Poder Executivo Federal que dispõem sobre a promulgação de convenções e recomendações da Organização Internacional do Trabalho – OIT ratificadas pela República Federativa do Brasil. Anexo LXVIII – Convenção 182 e a Recomendação n. 190 da OIT relativas à proibição das piores formas de trabalho infantil e a ação imediata para a sua eliminação. Disponível em: <http://www.planalto.gov.br/ccivil_03/_Ato2019-2022/2019/Decreto/D10088.htm#anexo70>. Acesso em: 08 ago. 2022.

______. **Decreto-Lei n. 4.657, de 04 de setembro de 1942**. Lei de Introdução às Normas do Direito Brasileiro. Disponível em: <http://www.planalto.gov.br/ccivil_03/decreto-lei/del4657compilado.htm>. Acesso em: 13 jun. 2022.

______. **Decreto-Lei n. 5.452, de 1º de maio de 1943**. Aprova a Consolidação das Leis do Trabalho. DOU, Rio de Janeiro, 1º mai. 1943. Disponível em: <https://www.planalto.gov.br/ccivil_03/decreto-lei/Del5452.htm>. Acesso em: 04 ago. 2022.

______. **Lei n. 4.886, de 09 de dezembro de 1965**. Regula as atividades dos representantes comerciais autônomos. DOU, Brasília, 10 dez. 1965. Disponível em: <http://www.planalto.gov.br/ccivil_03/leis/l4886.htm>. Acesso em: 08 ago. 2022.

______. **Lei n. 6.019, de 03 de janeiro de 1974**. Dispõe sobre o trabalho temporário nas empresas urbanas, e dá outras providencias. DOU, Brasília, 04 jan. 1974. Disponível em: <https://www.planalto.gov.br/ccivil_03/Leis/L6019.htm>. Acesso em: 04 ago. 2022.

______. **Lei n. 7.102, de 20 de junho de 1983**. Dispõe sobre segurança para estabelecimentos financeiros, estabelece normas para constituição e funcionamento das empresas particulares que exploram serviços de vigilância e de transporte de valores, e dá outras providências. DOU, Brasília, 21 jun. 1983. Disponível em: <https://www.planalto.gov.br/ccivil_03/LEIS/L7102.htm>. Acesso em: 04 ago. 2022.

______. **Lei n. 8.036, de 11 de maio de 1990.** Dispõe sobre o Fundo de Garantia do Tempo de Serviço e dá outras providências. DOU, Brasília, 14 mai. 1990. Disponível em: <http://www.planalto.gov.br/ccivil_03/leis/l8036consol.htm>. Acesso em: 08 ago. 2022.

______. **Lei n. 8.177, de 01 de março de 1991.** Estabelece regras para desindexação da economia e dá outras providências. DOU, Brasília, 04 mar. 1991. Disponível em: <http://www.planalto.gov.br/ccivil_03/leis/l8177.htm>. Acesso em: 08 ago. 2022.

______. **Lei n. 8.981, de 20 de janeiro de 1995.** Altera a legislação tributária federal e dá outras providências. DOU, Brasília, 23 jan. 1995. Disponível em: <http://www.planalto.gov.br/ccivil_03/leis/l8981.htm>. Acesso em: 08 ago. 2022.

______. **Lei n. 9.065, de 20 de junho de 1995.** Dá nova redação a dispositivos da Lei n. 8.981, de 20 de janeiro de 1995, que altera a legislação tributária federal e dá outras providências. DOU, Brasília, 21 jun. 1995. Disponível em: <http://www.planalto.gov.br/ccivil_03/leis/l9065.htm>. Acesso em: 08 ago. 2022.

______. **Lei n. 9.250, de 26 de dezembro de 1995.** Altera a legislação do imposto de renda das pessoas físicas e dá outras providências. DOU, Brasília, 27 dez. 1995. Disponível em: http://www.planalto.gov.br/ccivil_03/leis/l9250.htm. Acesso em: 08 ago. 2022.

______. **Lei n. 9.430, de 27 de dezembro de 1996.** Dispõe sobre a legislação tributária federal, as contribuições para a seguridade social, o processo administrativo de consulta e dá outras providências. DOU, Brasília, 30 dez. 1996. Disponível em: <http://www.planalto.gov.br/ccivil_03/leis/l9430.htm>. Acesso em: 08 ago. 2022.

______. **Lei n. 10.097, de 19 de dezembro de 2000.** Altera dispositivos da Consolidação das Leis do Trabalho – CLT, aprovada pelo Decreto-Lei n. 5.452, de 1º de maio de 1943. DOU, Brasília, 20 dez. 2000. Disponível em: <http://www.planalto.gov.br/ccivil_03/leis/l10097.htm>. Acesso em: 08 ago. 2022.

______. **Lei n. 10.406, de 10 de janeiro de 2002**. Institui o Código Civil. Disponível em: <https://www.planalto.gov.br/ccivil_03/LEIS/2002/L10406compilada.htm>. Acesso em: 08 ago. 2022.

______. **Lei n. 10.522, de 19 de julho de 2002.** Dispõe sobre o cadastro informativo dos créditos não quitados de órgãos e entidades federais e dá outras providências. DOU, Brasília, 22 jul. 2002. Disponível em: <http://www.planalto.gov.br/ccivil_03/leis/2002/l10522.htm>. Acesso em: 08 ago. 2022.

______. **Lei n. 13.105, de 16 de março de 2015**. Código de Processo Civil. Disponível em: <http://www.planalto.gov.br/ccivil_03/constituicao/constituicao.htm>. Acesso em: 08 ago. 2022.

______. **Lei n. 13.352, de 27 de outubro de 2016.** Altera a Lei n. 12.592, de 18 de janeiro de 2012, para dispor sobre o contrato de parceria entre os profissionais que exercem as atividades de cabeleireiro, barbeiro, esteticista, manicure, pedicure, depilador e maquiador e pessoas jurídicas registradas como salão de beleza. DOU, Brasília, 28 out. 2016. Disponível em: <http://www.planalto.gov.br/ccivil_03/_ato2015-2018/2016/lei/l13352.htm>. Acesso em: 08 ago. 2022.

______. **Lei n. 13.467, de 13 de julho de 2017.** Altera a Consolidação das Leis do Trabalho (CLT), aprovada pelo Decreto-Lei n. 5.452, de 1º de maio de 1943, e as Leis n. 6.019, de 03 de janeiro de 1974, 8.036, de 11 de maio de 1990, e 8.212, de 24 de julho de 1991, a fim de adequar a legislação às novas relações de trabalho. DOU, Brasília, 14 jul. 2017. Disponível em: <http://www.planalto.gov.br/ccivil_03/_ato2015-2018/2017/lei/l13467.htm>. Acesso em: 08 ago. 2022.

______. **Lei n. 13.655, de 25 de abril de 2018**. Inclui no Decreto-Lei n. 4.657, de 04 de setembro de 1942 (Lei de Introdução às Normas do Direito Brasileiro), disposições sobre segurança jurídica e eficiência na criação e na aplicação do direito público. Disponível em: <https://www.planalto.gov.br/ccivil_03/_Ato2015-2018/2018/Lei/L13655.htm#art1>. Acesso em: 08 ago. 2022.

______. **Medida Provisória n. 936, de 01 de abril de 2020**. Institui o Programa Emergencial de Manutenção do Emprego e da Renda e dispõe sobre medidas trabalhistas complementares para enfrentamento do estado de calamidade pública reconhecido pelo Decreto Legislativo n. 6, de 20 de março de 2020, e da emergência de saúde pública de importância internacional decorrente do coronavírus (Covid 19), de que trata a Lei n. 13.979, de 6 de fevereiro de 2020, e dá outras providências. Disponível em: <http://www.planalto.gov.br/ccivil_03/_ato2019-2022/2020/mpv/mpv936.htm>. Acesso em: 08 ago. 2022.

______. STF. **ADC 58**. Relator: Ministro Gilmar Mendes. Tribunal Pleno. DJE 09.12.2021. Disponível em: <https://portal.stf.jus.br/processos/downloadPeca.asp?id=15349093243&ext=.pdf>. Acesso em: 10 ago. 2022.

______. STF. **ADI 492**. Relator: Ministro Carlos Velloso – Tribunal Pleno. DJ, 16 nov. 1992. Disponível em: <https://redir.stf.jus.br/paginadorpub/paginador.jsp?docTP=AC&docID=266382>. Acesso em: 08 ago. 2022.

______. STF. **ADI 2.096.** Relator: Ministro Celso de Mello - Tribunal Pleno. DJe, 27 out. 2020. Disponível em: <https://portal.stf.jus.br/processos/downloadPeca.asp?id=15344798921&ext=.pdf>. Acesso em: 08 ago. 2022.

______. STF. **ADI 2.296.** Relator: Ministro Dias Toffoli - Tribunal Pleno. DJe, 13 dez. 2021. Disponível em: <https://redir.stf.jus.br/paginadorpub/paginador.jsp?docTP=TP&docID=758659794>. Acesso em: 08 ago. 2022.

______. STF. **ADI 3.395**. Relator: Ministro Alexandre de Moraes – Tribunal Pleno. DJe, 1º jul. 2020. Disponível em: <https://portal.stf.jus.br/processos/downloadPeca.asp?id=15343623113&ext=.pdf>. Acesso em: 08 ago. 2022.

______. STF. **ADI 3.614**. Relator: Ministro Gilmar Mendes. Relatora para o acórdão: Ministra Cármen Lúcia - Tribunal Pleno. DJE 23.11.2007. Disponível em: <https://redir.stf.jus.br/paginadorpub/paginador.jsp?docTP=AC&docID=495516>. Acesso em: 10 ago. 2022.

______. STF. **ADI 4.357**. Relator: Ministro Roberto Barroso - Tribunal Pleno. DOU, 06 set. 2019. Disponível em: <http://redir.stf.jus.br/paginadorpub/paginador.jsp?docTP=TP&docID=750738975>. Acesso em: 22 fev. 2021.

______. STF. **ADI 5.625**. Relator: Ministro Edson Fachin. Redator para o acórdão: Ministro Nunes Marques - Tribunal Pleno. DJE 23.03.2022. Disponível em: <https://portal.stf.jus.br/processos/downloadPeca.asp?id=15350407676&ext=.pdf>. Acesso em: 10 ago. 2022.

______. STF. **ADI 5.766.** Relator: Ministro Roberto Barroso. Redator do Acórdão: Ministro Alexandre de Moraes - Tribunal Pleno. DJe, 03 mai. 2022. Disponível em: <https://portal.stf.jus.br/processos/downloadPeca.asp?id=15350971179&ext=.pdf>. Acesso em: 08 ago. 2022.

______. STF. **ADI 6.223.** Relator: Ministro Roberto Barroso. Redator do Acórdão: Ministro Alexandre de Moraes - Tribunal Pleno. DJe, 03 mai. 2022. Disponível em: <https://portal.stf.jus.br/processos/downloadPeca.asp?id=15350971179&ext=.pdf>. Acesso em: 08 ago. 2022.

______. STF. **ADI 6.363**. Relator: Ministro Ricardo Lewandowski - Tribunal Pleno. Redator do acordão: Ministro Alexandre de Moraes. DOU, 24 nov. 2020. Disponível em: <http://portal.stf.jus.br/processos/downloadPeca.asp?id=15345059901&ext=.pdf>. Acesso em: 22 fev. 2021.

______. STF. **ADPF 324**. Relator Ministro Roberto Barroso – Tribunal Pleno. DJe, 17 jan. 2021. Disponível em: <https://portal.stf.jus.br/processos/downloadPeca.asp?id=15341024987&ext=.pdf>. Acesso em: 22 fev. 2021.

______. STF. **ADPF 336.** Relator: Ministro Luiz Fux - Tribunal Pleno. DJe, 10 maio 2021. Disponível em: <https://portal.stf.jus.br/processos/downloadPeca.asp?id=15346361152&ext=.pdf>. Acesso em: 08 ago. 2022.

______. STF. **ADPF 387**. Relator Ministro Gilmar Mendes. DJe, 27 out. 2017. Disponível em: <https://portal.stf.jus.br/processos/downloadPeca.asp?id=313112445&ext=.pdf>. Acesso em: 22 fev. 2021.

______. STF. **ADPF 509**. Relator: Ministro Marco Aurélio - Tribunal Pleno. DJE, 05 out. 2020. Disponível em: <https://portal.stf.jus.br/processos/downloadPeca.asp?id=15344589335&ext=.pdf>. Acesso em: 10 ago. 2022.

______. STF. **Ag-AIRR 21616-75.2017.5.04.0203.** Relator: Ministro Alexandre Luiz Ramos. Quarta Turma. DJE, 24 ago. 2022. Disponível em: <https://jurisprudencia.tst.jus.br/#f2e250e835140f44f0f683780315cdef>. Acesso em: 10 ago. 2022.

______. STF. **RE 635.546.** Relator: Ministro Marco Aurélio. Redator do Acórdão: Ministro Roberto Barroso - Tribunal Pleno. DJe, 19 maio 2021. Disponível em: <https://portal.stf.jus.br/processos/downloadPeca.asp?id=15346455577&ext=.pdf>. Acesso em: 08 ago. 2022.

______. STF. **RE 1.002.295**. Relator: Ministro Marco Aurélio. Redator para o acórdão: Ministro Alexandre de Moraes - Tribunal Pleno. DJE, 13 out. 2020. Disponível em: <https://portal.stf.jus.br/processos/downloadPeca.asp?id=15344661394&ext=.pdf>. Acesso em: 10 ago. 2022.

______. STF. **MS 37.064.** Relator: Ministro Ricardo Lewandowski. Segunda Turma. DJE, 12 maio 2021. Disponível em: <https://redir.stf.jus.br/paginadorpub/paginador.jsp?docTP=TP&docID=755854412>. Acesso em: 10 ago. 2022.

______. STF. **Voto-conjunto da ADC58, ADC59, ADI 5.867 e ADI 6.021**. Relator Ministro Gilmar Mendes. Disponível em: <https://www.conjur.com.br/dl/voto-gilmar-acoes-correcao-trabalhista.pdf>. Acesso em: 22 fev. 2021.

______. STJ. **AgInt no AResp 1.692.532.** Relator: Ministro Herman Benjamin. Segunda Turma. DJE, 30 jun. 2022. Disponível em: <https://scon.stj.jus.br/SCON/GetInteiroTeorDoAcordao?num_registro=202000913400&dt_publicacao=30/06/2022>. Acesso em: 10 ago. 2022.

______. STJ. Súmula 459. DJe, Brasília, 08 set. 2010. Disponível em: <https://scon.stj.jus.br/SCON/pesquisar.jsp>. Acesso em: 08 ago. 2022.

______. TST. **Regimento Interno do Tribunal Superior do Trabalho**. Aprovado pela Resolução Administrativa n. 1.937, de 20 de novembro de 2017. Disponível em: <https://juslaboris.tst.jus.br/bitstream/handle/20.500.12178/116169/2017_ra1937_ri_tst_rep01_livro_atualizado.pdf?sequence=32&isAllowed=y>. Acesso em: 08 ago. 2022.

______. TST. **Relatório Geral da Justiça do Trabalho - 2021**. Brasília/DF, 2022. Disponível em: <https://www.tst.jus.br/documents/18640430/30889144/RGJT+2021.pdf/16c678c9-7136-51ba-2d62-cae4c5a4ab4d?t=1656603252811>. Acesso em: 08 ago. 2022.

CANOTILHO, José Joaquim Gomes. **Direito constitucional e teoria da constituição**. Coimbra: Edições Almedina, 1998.

CARBONELL, Flavia. Reasoning by consequences: applying different argumentation structures to the analysis of consequentialist reasoning in judicial decisions. **Cogency**, vol. 3, n. 2, 2011. Disponível em: <https://dialnet.unirioja.es/descarga/articulo/3963497.pdf>. Acesso em: 03 maio 2022.

CAVALLINI, Marta. Número de empregados sem carteira assinada bate recorde; entenda as diferenças entre PJ e CLT. **G1 Trabalho e Carreira**, 01 jun. 2022. Disponível em: <https://g1.globo.com/trabalho-e-carreira/noticia/2022/06/01/numero-de-empregados-sem-carteira-assinada-bate-recorde-entenda-as-diferencas-entre-pj-e-clt.ghtml>. Acesso em: 08 ago. 2022.

CHAVES, L. G. Mendes. Minorias e seu estudo no Brasil. **Revista C. Sociais,** v. II, n. 1. Fortaleza, 1970. Disponível em: <https://repositorio.ufc.br/bitstream/riufc/4487/1/1971_art_LGMChaves.pdf>. Acesso em: 08 ago. 2022.

COUTINHO, Aldacy Rachid. Hermenêutica constitucional, direitos sociais e a visão do STF. In: PAMPLONA FILHO, Rodolfo (coord.); VALE, Silvia Teixeira do (coord.); LUDWIG, Guilherme Guimarães (coord.). **Hermenêutica constitucional do direito do trabalho**. Rio de Janeiro: Lumen Juris, 2019.

COUTINHO, Grijalbo Fernandes. **Justiça política do capital:** a desconstrução do direito do Trabalho por meio de decisões judiciais. 1. ed. São Paulo: Tirant lo Blanch, 2021.

DELGADO, Maurício Godinho. **Curso de direito do trabalho**. 6. ed. São Paulo: LTr, 2007.

______. **Capitalismo, trabalho e emprego:** entre o paradigma da destruição e os caminhos de reconstrução. 3. ed. São Paulo: LTr, 2017.

DELGADO, Maurício Godinho; FELICIANO, Guilherme Guimarães; PASQUALETO, Olívia de Quintana Figueiredo. O acesso à justiça no processo laboral brasileiro: entre a validade, a facticidade e a perplexidade. **Revista Pensamento Jurídico**, São Paulo, Vol. 14, n. 3, ago./dez. 2020. Disponível em: <https://fadisp.com.br/revista/ojs/index.php/pensamentojuridico/article/download/247/310>. Acesso em: 08 ago. 2022.

DIMOULIS, Dimitri. **Positivismo jurídico:** teoria da validade e da interpretação do direito. 3. ed. refor. e ampl. EUA, 2022. E-book.

DRIVER, Julia. **Consequentialism** (new problems of philosophy). New York/ USA: Routledge, 2012. E-book.

DWORKIN, Ronald. **Uma questão de princípio**. São Paulo: Martins Fontes, 2001.

GARCIA, Diego; MONTESANTI, Beatriz. Metade dos Trabalhadores do país pararam durante a pandemia. **Folha de S. Paulo,** 25 dez. 2020. Disponível em: <https://www1.folha.uol.com.br/mercado/2020/12/metade-dos-trabalhadores-do-pais-pararam-durante-a-pandemia.shtml>. Acesso em: 22 fev. 2021.

GUIMARÃES, Ricardo Pereira de Freitas. **Princípio da Proporcionalidade no Direito do Trabalho.** Teoria e Prática. São Paulo: Thomson Reuters Brasil, 2019. E-book.

GRAU, Eros Roberto. **Porque tenho medo de juízes** (a interpretação/aplicação do direito e os princípios). 10. Ed. Refundida do Ensaio e discurso sobre a interpretação/aplicação do direito. São Paulo: Malheiros, 2021.

HART, Herbert Lionel Adolphus. Post scriptum (el concepto de derecho). Traducido de H. L. A. Hart, *The Concept of Law* (2ª edición, 1994), con permiso de Oxford University Press 1961,1994. **Estudios Públicos**, n. 65 (verano 1997). Disponível em: <https://www.cepchile.cl/cep/site/docs/20160303/20160303183634/rev65_hart.pdf>. Acesso em: 08 ago. 2022.

HELLER, Hermann. **Teoría del Estado**. Ed. y pról. de Gerhart Niemeyer; trad. de Luis Tobío. 2. ed. México: FCE, 1998.

HESSE, Konrad. **Temas fundamentais do direito constitucional**. Textos selecionados e traduzidos por Carlos dos Santos Almeida, Gilmar Ferreira Mendes e Inocêncio Mártires Coelho. São Paulo: Saraiva, 2009.

JUCÁ, Francisco Pedro; MONSTESCHIO, Horácio. Empresa: função social. **Revista Pensamento Jurídico,** São Paulo, vol. 14, n. 3, ago./dez. 2020. Disponível em: <https://aplj.org.br/publicacoes/ensaios/empresa-funcao-social.html>. Acesso em: 08 ago. 2022.

KELSEN, Hans. La garantía jurisdiccional de la constitución (la justicia constitucional). Traducción: Rolando Tamayo Y Salmorán. Revisión: Domingo García Belaunde. **Anuario Iberoamericano de Justiça Constitucional**, n. 15. Madrid, 2011, p. 249-300.

______. **Teoria pura do direito**. Tradução: João Baptista Machado. 6. ed. São Paulo: Martins Fontes, 1998. Disponível em: <https://portalconservador.com/livros/Hans-Kelsen-Teoria-Pura-do-Direito.pdf>. Acesso em: 09 ago. 2022.

LEITE, Carlos Henrique Bezerra. **Direitos humanos**. 2. ed. Rio de Janeiro: Lumen Juris, 2011.

LOBO, Jorge. Hermenêutica, intepretação e aplicação do direito. **Revista do Ministério Público do Estado do Rio de Janeiro,** n. 72, p. 125-146, abr./jun. 2019. Disponível em: <http://www.mprj.mp.br/documents/20184/1344914/Jorge_Lobo.pdf>. Acesso em: 27 abr. 2022.

LOPES, Ana Frazão de Azevedo. **Empresa e propriedade** – função social e abuso de poder econômico. São Paulo: Quartier Latin, 2006.

LORENZETTI, Ricardo Luis. **Teoria da decisão judicial:** fundamentos de direito. Tradução: Bruno Miragem. Notas da tradução: Claudia Lima Marques. 2. ed. rev. São Paulo: Revista dos Tribunais, 2011.

MACCORMICK, Neil. **Argumentação Jurídica e Teoria do Direito**. Tradução: Waldéa Barcellos. Revisão da tradução: Marylene Pinto Michael. 2. ed. São Paulo: WMF Martins Fontes, 2009.

______. **Institutions of Law:** An Essay in Legal Theory (Law, State, and Practical Reason). OUP Oxford, 2007. E-book.

MACHADO, Gabriel. Formalismo judicial como alavanca de resultados globais superiores. In: LEAL, Fernando (coord. ger.); CARDOSO, Henrique Ribeiro (coord. ger.); VASCONCELOS, Agtta Christie Nunes (org.); FEITOSA NETO, Pedro Meneses (org.). **Direito regulatório comportamental e consequencialismo:** nudges e pragmatismo em temas de direito. Rio de Janeiro: Lumen Juris, 2020.

MAGALHÃES, Andréa. **Jurisprudência da crise:** uma perspectiva pragmática. Rio de Janeiro: Lumen Juris, 2017.

MARINELA, Fernanda. **Direito Administrativo**. 4. ed. Niterói/RJ: Impetus, 2010.

MARTINS, Ives Gandra da Silva. Consequencialismo jurídico e a constituição de 1988. In: MARTINS, Ives Gandra da Silva (coord.); CHALITA, Gabriel (coord.); NALINI, José Renato (coord.). **Consequencialismo no Poder Judiciário**. Indaiatuba/SP: Editora Foco, 2019.

MENDES, Gilmar Ferreira. Jurisprudência de crise e pensamento do possível: caminhos constitucionais. **Consultor Jurídico (Conjur),** 11 abr. 2020. Disponível em: <https://www.conjur.com.br/2020-abr-11/observatorio-constitucional-jurisprudencia-crise-pensamento-possivel-caminhos-solucoes-constitucionais>. Acesso em: 08 ago. 2022.

MENDONÇA, José Vicente. **Direito constitucional econômico:** a intervenção do estado na economia à luz da razão pública e do pragmatismo. Belo Horizonte: Fórum, 2010.

MOREIRA, Vital. Princípio da maioria e princípio da constitucionalidade: legitimidade e limites da justiça constitucional. **Colóquio no 10º aniversário do Tribunal Constitucional.** Coimbra: Coimbra, 1995, p. 177 a 198. Disponível em: <http://www.tribunalconstitucional.pt/tc/textos030212.html?impressao=1>. Acesso em: 08 ago. 2022.

MÜLLER, Friedrich. **O novo paradigma do direito:** introdução à teoria e metódica estruturantes. Tradução: Dimitri Dimoulis, Gilberto Bercovici, Peter Naumann, Rodrigo Mioto dos Santos, Rossana Ingrid Jansen dos Santos, Tito Lívio Cruz Romão e Vivianne Geraldes Ferreira. Revisão da tradução: Vivianne Geraldes Ferreira. São Paulo: 2008.

______. **Teoria estruturante do direito**. Tradução: Peter Nauman, Eurides Avance de Souza. 2. ed. rev., atual. e ampl. São Paulo: Editora Revista dos Tribunais, 2009.

NERY JUNIOR, Nelson. **Princípios do processo na Constituição Federal**. 10. ed. ver., atual. e ampl. com as novas súmulas do STF e com análise sobre a relativização da coisa julgada. São Paulo: Editora Revista dos Tribunais, 2010.

OLIVEIRA NETTO, Sérgio de. **O princípio da reserva do possível e a eficácia das decisões judiciais**. Disponível em: <https://www.mp.go.gov.br/portalweb/hp/2/docs/saude51-principio_da_reserva.pdf>. Acesso em: 02 jun. 2022.

OLIVEIRA SEGUNDO, Jair Soares de. **Hermenêutica constitucional:** neoconstitucionalismo e mitologia jurídica no automatismo do juiz. Curitiba: Juruá, 2015.

ORGANIZAÇÃO DAS NAÇÕES UNIDAS (ONU). **Declaração Universal dos Direitos Humanos (DUDH).** 10 dez. 1948. Disponível em: <https://pt.wikipedia.org/wiki/Declara%C3%A7%C3%A3o_Universal_dos_Direitos_Humanos.> Acesso em: 14 abr. 2022.

ORGANIZAÇÃO INTERNACIONAL DO TRABALHO (OIT). **Futuro do Trabalho no Brasil:** perspectivas e diálogos tripartites. Brasil, 2018. Disponível em: <https://www.ilo.org/brasilia/temas/fow/lang--pt/index.htm>. Acesso em: 08 ago. 2022.

OST, François. Júpiter, Hércules, Hermes: tres modelos de juez. **Revista sobre Enseñanza del Derecho,** Ano 4, n. 8, 2007. Disponível em: <http://www.derecho.uba.ar/publicaciones/rev_academia/revistas/08/jupiter-hercules-hermes-tres-modelos-de-juez.pdf>. Acesso em: 08 ago. 2022.

PEDRA, Adriano Sant'Anna. Reflexões sobre a teoria das cláusulas pétreas. **Revista de Informação Legislativa**, ano 43, n. 172, p. 135-148. Brasília: Senado Federal, Subsecretaria de Edições Técnicas, out./dez. 2006.

PEDUZZI, Pedro. Caged: Brasil criou 196,9 mil empregos com carteira assinada em abril. **Agência Brasil**, 06 jun. 2022. Disponível em: <https://agenciabrasil.ebc.com.br/economia/noticia/2022-06/caged-brasil-criou-1969-mil-empregos-com-carteira-assinada-em-abril>. Acesso em: 08 ago. 2022.

PESSANHA, Rodrigo Brandão Viveiros. Direitos fundamentais, cláusulas pétreas e democracia: uma proposta de justificação e de aplicação do art. 60, § 4º, IV da CF/88. **Revista Brasileira de Direitos Fundamentais & Justiça** n. 7, abr./jun. 2009. p. 18 do PDF. Disponível em: https://dfj.emnuvens.com.br/dfj/article/download/489/215>. Acesso em: 08 ago. 2022.

POSNER, Richard A. Pragmatic Adjudication. **Cardozo Law Review**, n. 18, 1996. Disponível em: <https://chicagounbound.uchicago.edu/cgi/viewcontent.cgi?article=2818&context=journal_articles>. Acesso em: 08 ago. 2022.

PRADO, Lídia Reis de Almeida. **O juiz e a emoção:** aspectos da logicada decisão judicial. 5. ed. Campinas/SP: Millennium Editora, 2010.

RAMOS, Elival da Silva. **Ativismo Judicial**. Saraiva. E-book.

REALE, Miguel. **Filosofia do direito**. 19. ed. São Paulo; Saraiva, 1999. Disponível em: <https://direitoufma2010.files.wordpress.com/2010/05/miguel-reale-filosofia-do-direito.pdf>. Acesso em: 08 ago. 2022.

______. **Lições preliminares de direito**. 19. ed. rev. São Paulo: Saraiva, 1991.

RÊGO, Carolina Noura de Moraes; ROSA, Gerson Faustino. A implicação do direito nas formas de vida e no jogo da legitimação jurídica: uma análise crítica na era da biopolítica. In: CARNIO, Henrique Garbellini (org.); CARVALHO FILHO, Nelson de (org.); RÊGO, Carolina Noura de Moraes (org.). **Coragem e racionalidade jurídica:** o jogo sem fim do direito. Rio de Janeiro: Lumen Juris, 2017.

ROMITA, Arion Sayão. Compensação não é proteção. **Revista LTr,** São Paulo, ano 76, n. 1, p. 17-22, jan. 2012.

SALAMA, Bruno Meyerhof. A História do declínio e queda do eficientismo na obra de Richard Posner. In: LIMA, Maria Lúcia L. M. Pádua (org.). **Trinta Anos de Brasil:** Diálogos entre Direito e Economia. São Paulo: Saraiva, 2012. Republicado: Revista do Instituto do Direito Brasileiro da Faculdade de Direito da Universidade de Lisboa (RIDB), n. 1, 2012. Disponível em: <https://works.bepress.com/bruno_meyerhof_salama/35/>. Acesso em: 10 ago. 2022.

SANTOS, Boaventura de Sousa. Os perigos da desordem jurídica. **Jornal Público,** Portugal, 26 mar. 2016. Disponível em: <http://www.boaventuradesousasantos.pt/media/Os%20perigos%20da%20desordem%20jur%C3%ADdica_26Mar%C3%A7o2016.pdf>. Acesso em: 08 ago. 2022.

SANZ, Mario Ruiz. **Argumentación racional y consecuencialismo em la decisión judicial**. Jueces para la democracia, 1996. Disponível em: <https://dialnet.unirioja.es/descarga/articulo/174639.pdf>. Acesso em: 03 maio 2022.

SÃO PAULO. **Lei n. 12.640, de 11 de julho de 2007**. Institui, no âmbito do Estado de São Paulo, pisos salariais para os trabalhadores que especifica e dá providências correlatas. DOE, São Paulo, 12 jul. 2007. Disponível em: <https://www.al.sp.gov.br/repositorio/legislacao/lei/2007/lei-12640-11.07.2007.html>. Acesso em: 08 ago. 2022.

SARLET, Ingo Wolfgang. **A eficácia dos direitos fundamentais**. 3 ed. Porto Alegre: Livraria do Advogado, 2003.

SCHUARTZ, Luis Fernando. Consequencialismo jurídico, racionalidade decisória e malandragem. **Revista de Direito Administrativo**, 2008. Disponível em: <https://bibliotecadigital.fgv.br/dspace/bitstream/handle/10438/27041/41531-86603-1-PB.pdf>. Acesso em: 08 ago. 2022.

SIMON, Henrique Smidt. A tensão entre constitucionalismo e exceção: a ordem estatal sobreposta aos direitos fundamentais. **Revista Direito, Estado e Sociedade da PUC-Rio**, n. 49, jul./dez. 2016. Disponível em: <http://direitoestadosociedade.jur.puc-rio.br/media/Direito%2049_artigo%202,2.pdf>. Acesso em: 08 ago. 2022.

STRECK, Lenio Luiz. Os limites semânticos e sua importância na e para a democracia. **Revista da AJURIS,** v. 41, n. 135, set. 2014. Disponível em: <http://ajuris.kinghost.net/OJS2/index.php/REVAJURIS/article/viewFile/333/268>. Acesso em: 08 ago. 2020.

SÜSSEKIND, Arnaldo. Interpretação da norma trabalhista. **Revista LTr**, São Paulo, ano 74, n. 7, p. 789-792, jul. 2010.

TAVARES, André Ramos. **Fronteiras da hermenêutica constitucional**. São Paulo: Editora Método, 2006.

______. Justiça Constitucional e duas fundamentais funções. **Revista de Informação Legislativa,** Brasília, v. 43, n. 171, jul./set. 2006. Disponível em: <https://www2.senado.leg.br/bdsf/bitstream/handle/id/95317/Tavares%20Andr%C3%A9.pdf?sequence=1&isAllowed=y>. Acesso em: 08 ago. 2022.

______. **Curso de direito constitucional**. 19. ed. São Paulo: Saraiva Educação, 2021.

TAVARES, André Ramos; HERANI, Renato Gugliano. A contribuição da doutrina no STF: desvendando a dinâmica dos formantes doutrinários (a apresentação dos dados estatísticos). **Revista Brasileira de Estudos Constitucionais – RBEC**, Belo Horizonte, ano 10, n. 34, jan./abr. 2016, p. 1-232.

TEIXEIRA FILHO, Manoel Antônio. **Comentários ao novo código de processo civil sob a perspectiva do processo do trabalho** (Lei n. 13.105, 16 de março de 2015). São Paulo: LTr, 2015.

TOVAR, Leonardo Zehuri. **Teoria do Direito e decisão judicial:** elementos para a compreensão de uma resposta adequada. 2. ed. Salvador: JusPodivm, 2020.

VERBICARO, Loiane Prado. **Judicialização da política, ativismo e discricionariedade judicial**. 2. ed. Rio de Janeiro: Lumen Juris, 2019.

WALTON, Douglas. **Historical Origins of Argumentum ad Consequentiam**. Winnipeg, Manitoba/Canada: Department of Philosophy, University of Winnipeg, 1999; Netherlands: Kluwer Academic Publishers, 1999. Disponível em: <https://www.researchgate.net/publication/226791162_Historical_Origins_of_Argumentum_ad_Consequentiam>. Acesso em: 08 ago. 2022.

DIALÉTICA
EDITORA

Este livro foi impresso sob demanda, sem estoques. A tecnologia POD (Print on Demand) utiliza os recursos naturais de forma racional e inteligente, contribuindo para a preservação da natureza.

"Rico é aquele que sabe ter o suficiente"
(Lao Tze)